职业教育电子商务专业改革创新教材

U0737741

店铺运营

丛书总主编　周天平

丛书副总主编　王　欣

主　编　李　平

副主编　李伟苑　施四维

参　编　吴东薇　游月琴　罗茜雅　吴宇基

　　　　刘闪光　刘立基　史霁昀

主　审　王　欣

机械工业出版社

本书共有6个项目、15个任务、38个活动，主要涵盖网上开店、网店美化、网店推广与营销、网店客服管理、网店物流管理、网店数据化运营等内容。本书按照网店日常运营工作流程及企业部门岗位设置要求，围绕企业电子商务核心工作，采用项目的方式，通过展示任务的具体操作步骤及技能，以实际案例让学生熟悉并实践网店开店、推广、管理、运营等内容，实用性强。

　　本书适合作为中等职业学校电子商务专业、国际贸易专业、国际商务专业、物流管理专业等财经商贸类课程的教材，也可作为网络创业者和电子商务从业人员的必备参考用书及相关培训班的培训用书。

图书在版编目（CIP）数据

店铺运营/李平主编. —北京：机械工业出版社，2018.2（2023.1重印）

职业教育电子商务专业改革创新教材

ISBN 978-7-111-59540-3

Ⅰ. ①店… Ⅱ. ①李… Ⅲ. ①电子商务—商业经营—职业教育—教材

Ⅳ. ①F713.365.2

中国版本图书馆CIP数据核字（2018）第062129号

机械工业出版社（北京市百万庄大街22号 邮政编码100037）

策划编辑：聂志磊　　　责任编辑：聂志磊　王　慧　杨晓昱

责任校对：马丽婷　　　责任印制：常天培

北京中科印刷有限公司印刷

2023年1月第1版第5次印刷

184mm×260mm·11印张·264千字

标准书号：ISBN 978-7-111-59540-3

定价：35.00元

电话服务	网络服务
客服电话：010-88361066	机 工 官 网：www.cmpbook.com
010-88379833	机 工 官 博：weibo.com/cmp1952
010-68326294	金 书 网：www.golden-book.com
封底无防伪标均为盗版	机工教育服务网：www.cmpedu.com

本书依据《中等职业学校电子商务专业教学标准》，组织电子商务专业教师，根据电子商务专业教学改革的需要，结合店铺运营的实际需求编写而成。

随着互联网的不断发展，全球经济发展已进入信息经济时代。作为信息技术高速发展的结果，电子商务应运而生并蓬勃发展，带来了商务模式的变革，给经济发展带来深远影响。本书根据店铺运营所需掌握的职业技能、特点，结合电子商务企业对岗位的实际要求，以真实的店铺运营案例为根基，将店铺运营拆分为具体的工作项目，通过任务，以实际操作流程为主线，穿插网店开设、网店美化、网店推广、网店客服管理、网店物流管理及网店数据化运营等知识，指导学生掌握店铺运营的方法和技能，旨在培养学生分析和解决实际问题的能力，让学生明确电子商务专业的就业和创业要求，为未来的职业规划打下坚实的基础。

本书的特色是将店铺运营的主要岗位能力具体化为多个项目，采用任务驱动法，以实践操作任务为主并引入相关知识，让学生在"做中学，学中做"，让学生变被动学习为主动探究，引导学生将理论知识与实践相结合，加深对知识的理解和掌握。同时，本书设计有评价环节，有利于学生对知识进行回顾和总结，培养学生的自我评价能力，也能为教师教学提供一个直观的教学效果的反馈。

本书建议108学时完成，具体学时分配如下：

项目	内容	参考学时
项目一	网上开店	24
项目二	网店美化	14
项目三	网店推广与营销	28
项目四	网店客服管理	20
项目五	网店物流管理	10
项目六	网店数据化运营	12

本书由兴宁市技工学校李平担任主编，兴宁市技工学校李伟苑、武汉市供销商业学校施四维担任副主编，参编人员有吴东薇、游月琴、罗茜雅、吴宇基、刘闪光、刘立基和史霁昀，杭州市开元商贸职业学校王欣担任主审。编写人员均为中高职院校电子商务教学一线教师，教学及实践经验丰富。

本书为校企合作、工学结合一体化教材，在编写过程中得到了兴宁市技工学校、武汉市供销商业学校、梅州市技师学院、广州市技师学院、南京市商业学校及兴宁市电商示范基地等单位的大力支持，并参考了一些网店运营等方面的网站资料和书籍，在此一并表示衷心的感谢！由于编者水平有限，不足之处在所难免，疏漏之处敬请读者指正。

编　者

项目一 网上开店

项目简介

本项目是店铺运营的第一个环节，对于中小企业来说选择电子商务渠道开展商务活动是社会发展的必然选择。本项目主要是为了教授中小卖家如何选择合适的电子商务平台，根据分析选择要介入的商品类别，依据综合因素正确定位自己的网店，制订维持网店日常运转的工作计划，成功注册淘宝账户并开店，熟悉淘宝交易规则、运用千牛工作台，顺利完成网店第一笔交易，为网店今后的顺利运转打好基础，迈出坚实的第一步。

项目目标

（1）能辨别有用信息，选择电子商务平台及经营类目。
（2）能确立网店各部门及活动职责。
（3）能独立完成淘宝会员注册及认证。
（4）能熟练上架商品。
（5）能正确解读淘宝规则。
（6）能下载并熟练使用千牛工作台。
（7）能准确无误完成店铺交易。

任务一　前期准备

任务介绍

在本任务中，我们将学习开设网店前要做好哪些准备工作，为后期网店的运营管理奠定坚实的基础。通过活动一，学会查找市场数据资料，找准自己适宜进入的电子商务平台及商品大类；通过活动二，结合自身能力、资金及熟悉领域确定网店的定位；通过活动三，构建网店结构，规范网店活动及人员职责，制定网店发展方向，为今后网店的运营和发展奠定良好基础。

活动一　市场调研分析

活动描述

小王看到自己周围的亲戚朋友不断网购，于是萌发自己创业、成为网店卖家的想法。面对众多的电子商务平台和品类繁多的商品，他应如何寻找适合开店的平台，如何选择销售商品的类别？"磨刀不误砍柴功"，开店前，首先要开展市场调研分析，找准进军市场。

活动实施

第一步：搜索近两年来电子商务平台排名。

小王通过调查身边的亲戚朋友，发现大家手机安装的常用消费APP有淘宝、京东、美团、唯品会、蘑菇街等，这些平台中选哪个作为自己创业的平台呢？首先查询近年来中国电子商务平台的排名情况。

中国互联网络信息中心提供的调查报告显示，2014年随着京东、聚美优品、阿里巴巴的上市，网络零售市场格局趋向稳定。淘宝、天猫、京东的品牌渗透率位居前三位。2015年，中国网络零售市场的集中度进一步提高，天猫（淘宝商城）和京东占据了中国网络零售接近90%的市场份额，如图1-1所示。综合以上数据，小王认为在电子商务零售行业中，淘宝是当之无愧的第一名。

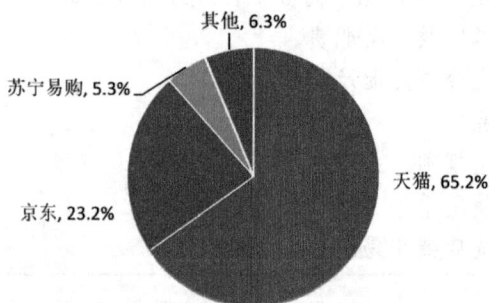

来源：商务部统计数据

图1-1　2015年全国网络零售市场交易额渠道分布

随着智能手机的普及及移动互联网的发展，众多电子商务企业纷纷转向移动市场。根据艾瑞咨询的数据统计，从企业份额看，2017年第一季度移动端网购九成市场份额被阿里无线与京东占据，其中阿里无线占比76.3%，稳居第一，如图1-2所示。

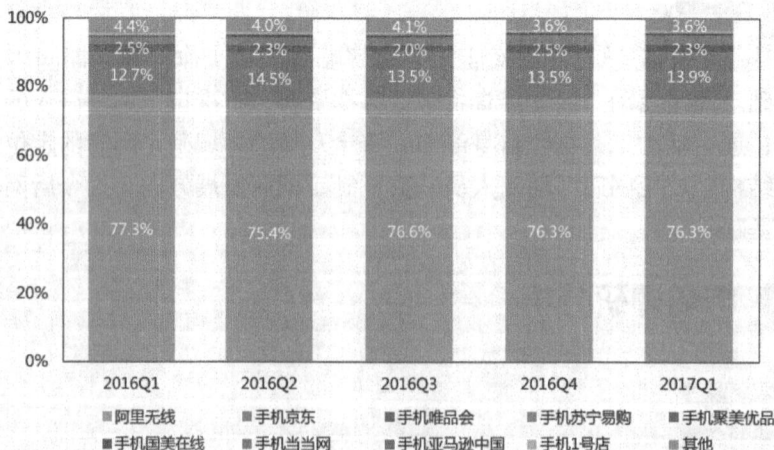

图1-2　2016Q1—2017Q1中国移动购物企业交易规模市场占比

试一试　　同学们，如果你想自己创业，除了从中国互联网络信息中心的调查报告中获取大数据，你还可以从哪些渠道获取电子商务行业发展的宏观数据呢？请查询近三年的B2B数据并记录。

第二步：分析近年来排名靠前、具有代表性的电子商务平台的优劣势。

通过以上数据不难发现，淘宝在中国电子商务零售行业仍然稳居第一，定位明确的京东紧随其后，位列第三的综合型电子商务网站是苏宁易购。小王作为一名刚满18岁的年轻创业者，选择主流的电子商务平台创业起步相对容易，因此客观分析电子商务平台优劣势尤为重要。目前三大主要B2C购物网站，各有其优势，见表1-1。

表1-1　淘宝、京东、苏宁易购三大网站比较

网站名称	网站介绍	优点	劣势
淘宝	淘宝是中国电子商务零售行业的领导者，它是纯开放平台，利润来自于流量、广告和技术服务费。淘宝包含两种电子商务模式，即：B2C（企业对个人）和C2C（个人对个人），其中以B2C模式开店需要卖家提供营业执照等企业相关信息	① 规模大 ② 商品种类多 ③ 流量大 ④ 纯平台，成本低 ⑤ 知名度高 ⑥ 有阿里巴巴各方面的支持	① 商品控制能力有限 ② 物流依靠第三方
京东	京东是开放平台，宣称90%的品类，京东永远不会自己做。但是现在京东销售额的80%左右都是来自于自营，要做开放平台任重而道远	① 自建物流服务好且可控 ② 以3C类产品为主 ③ 有自建第三方支付系统 ④ 商家入驻费用低 ⑤ 自营商品有厂商返利 ⑥ 可以通过货款账期获利 ⑦ 家电规模大，对供货商议价能力强	① 商品种类不够多 ② 入驻商家较天猫要少 ③ 毛利率低 ④ 自营商品成本较高，牵制了资金 ⑤ 没有其他领域业务支持
苏宁易购	苏宁易购最新的平台战略是入驻免费，提供低成本服务，利润主要来自广告和商家与消费者使用易付宝所带来的收入	① 家电类商品对供货商议价能力强，因此进货成本相对要低15%~20% ② 有线下门店支持 ③ 品牌质量、口碑较好 ④ 品牌知名度高 ⑤ 有自建易付宝 ⑥ 部分地区有自建物流	① 商品种类不够多 ② 入驻商家较少 ③ 流量成本高 ④ 品牌形象仍局限在家电行业 ⑤ 电商人才不足

想一想　　如果你是小王，你会选择哪个平台作为自己的创业平台？如果小王准备经营的商品不是服装而是手机，他又该选择哪个平台？为什么？

第三步：选择自己适合的电子商务平台。

小王仔细审视了自己目前的状况：无专利技术，资金有限，生活阅历也不够丰富，暂时不具备到工商部门独立注册企业的实力。结合自己的实际情况，小王最终选择淘宝作为自己创业的首选平台。

议一议

同学们，如果你也准备创业，你认为在电子商务行业创业应具备哪些条件（如资金、货源、人员等方面）？

知识加油站 » »   电子商务创业应具备的条件

（1）供应链　产品要具有价格优势，成本低的产品，毛利可以相对高些。

货款结算的周期长短非常重要，决定着资金流转，所以货款结算的周期要尽可能长一点。产品要具有可开发性，质量要具有保障性优势。

（2）资金　首先要有启动资金，可根据不同经销种类选择囤货或代发，但后期运营需要支付办公场所租金、运营费用等，此外供应链的结算周期也会影响店铺正常运转。

（3）团队　一个优秀的团队要具备团队精神、执行力、专业能力和学习能力、创新能力。

第四步：根据自己对各行业的了解程度及市场需求量选择经营商品的类别。

小王确定了开网店的平台，可是要经营什么商品呢？专业性太强的工业用品显然是不合适的。根据中国网络购物市场统计调查报告显示，2013—2015年，单个用户网购商品品类越来越多，从服装鞋帽、日用百货到珠宝配饰，各品类购买用户分布比例显著提升。但纵观2013—2015年排名前五的网购品类（见表1-2），服装鞋帽始终是最热门的网购品类。

表1-2　2013—2015年用户网购品类前五名分布

排名	2013年排名前五品类	2014年排名前五品类	2015年排名前五品类
1	服装鞋帽	服装鞋帽	服装鞋帽
2	日用百货	计算机、通信数码产品及配件	日用百货
3	计算机、通信数码产品及配件	日用百货	书籍、音像制品
4	充值卡、游戏点卡等虚拟卡	充值卡、游戏点卡等虚拟卡	计算机、通信数码产品及配件
5	手提包、箱包	家用电器	家用电器

根据以上数据分析，小王决定在服装鞋帽类中选择创业品类。因为服装是人人都需要的，而且服装随着季节、流行趋势的变化而变化，有较大的市场发展空间，而小王自己在生活中也积累了不少购买心得及搭配技巧，所以最终小王选择了服装作为自己的创业商品品类。

议一议

如果你是小王，你会选择哪种商品作为自己的创业品类呢？试说明选择该品类的理由。

知识链接 》 》 **哪些商品适宜网络销售**

（1）信息化产品　如文字、符号、图形、影像、声音等，可以用数字信号进行存储、流转的产品，它们天然地和互联网融合在一起。

（2）产品的内部品种极为丰富　如图书、音像制品，内部品种繁多，传统的商业形态无法全部罗列或展示穷尽。而互联网则几乎提供了信息展示的无限可能，且兼有搜索和查询的极高效率，它们是电子商务的天然宠儿。

（3）产品的需求者为小众群体，且分布分散　互联网将分散在各地的零散消费者聚合起来，形成有一定规模的虚拟性消费群落，向他们提供传统商场不多见的"另类""边缘""补缺""差异化"产品。

想一想　能不能根据自己的专业特长或兴趣爱好，开发适宜于网络销售的无形商品？（结合专业所学课程分析）

第五步：解决商品供货困扰。

确定了电子商务平台和商品品类后，接下来要解决的就是商品供货的问题，小王经过调查总结发现寻找货源一般有以下四个渠道。

1）现有供货渠道。如自家正在经营的商品，亲友已经代理或原创的商品等。

2）在阿里巴巴网站寻找货源（见图1-3），既可代销，也可分销。由于阿里巴巴和淘宝都隶属于阿里巴巴集团，在货源供给及后期推广方面有天然优势。

图1-3　阿里巴巴首页

3）百度搜索其他批发网站寻找货源，如图1-4所示。

图1-4　在百度搜索货源信息

4）从自己所在城市的批发市场寻找合适的货源。

知识加油站 》》　　　　**经销商、代理商和分销商的区别**

（1）经销商是在某一区域和领域只拥有销售或服务的单位或个人。经销商具有独立的经营机构，拥有商品的所有权（买断制造商的产品/服务），获得经营利润，多品种经营，经营活动过程不受或很少受供货商限制，与供货商责权对等。

（2）代理商是指在其行业惯例范围内接受他人委托，为他人促成或缔结交易的一般代理人。所代理货物的所有权属于厂家，而不是商家。因为商家不是售卖自己的产品，而是代企业转手卖出去，所以代理商一般是指赚取企业代理佣金的商业单位。

（3）分销商是指那些专门从事将商品从生产者转移到消费者的活动的机构和人员，当这些分销商的活动产业化以后，分销业也就形成了。所谓分销就是分着来销。可见在销售的过程中，已经考虑到了下家的情况，不是盲目销售，而是有计划地销售。

小王综合考虑了人员及资金情况后，决定在阿里巴巴上寻找合适的代销商品。

试一试　同学们，请填写表1-3，通过分析对比，你认为哪种货源渠道最好呢？

表1-3　进货渠道优劣势分析表

进货渠道	优势	劣势
1. 现有供货渠道		
2. 阿里巴巴网站		
3. 批发货源网站		
4. 本市批发市场		

活动评价

评价项目	自我评价		教师评价	
	小结	评分（5分）	点评	评分（5分）
1. 能借助网络数据分析目标市场				
2. 能客观分析各个电子商务平台的优劣势				
3. 能通过网络寻找货源				

活动二　做好网店市场定位

活动描述

　　小王选择了服装鞋帽中的服装作为自己的创业品类，服装作为大众类目，需求量大，但是进入该类目的卖家也多，并且服装的子行业及品牌众多，究竟怎么做才能突出重围呢？哪个子类目适合自己介入？网购消费者普遍能接受的价格区间是多少？在众多店铺中如何正确给自己定位？首先选择有发展前景的子类目，再进一步逐个细化网店定位的问题。

活动实施

　　第一步：网店产品定位。

　　小王认为在淘宝创业开店，产品是网店之根、营销之本。淘宝平台服装行业主要包含三大子行业，女装、男装以及内衣家居服，每个子行业又各自涵盖十几个细分类目。小王决定通过数据分析确定店铺的具体产品类目，如图1-5所示。

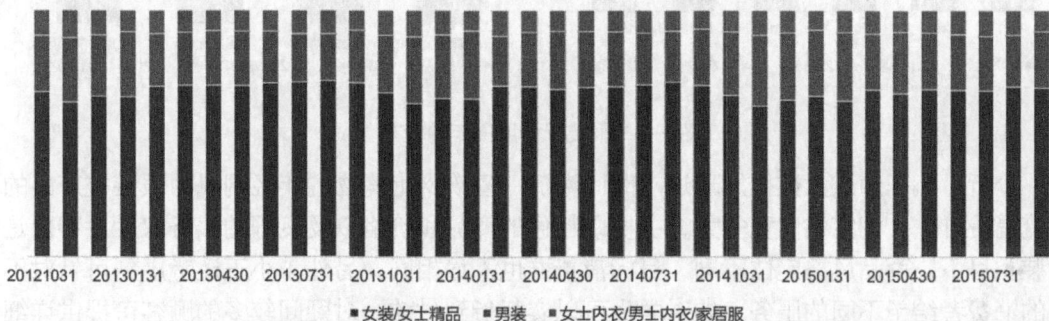

图1-5　2012年四季度至2015年三季度服装行业分品类销售额占比

分析：小王从阿里大数据总结的2015中国消费趋势报告中看到，女装在2012年四季度至2015年三季度服装行业分品类销售额占比最高（见图1-5），当之无愧成为淘宝平台中第一大类目，且女装作为规模最大的服装品类，其增速与服装业整体高度趋同。

结论：在选择创业产品类目时，小王通过大数据分析找准市场发展主流类目，帮助提升创业成功可能性。

小王根据以上数据，最后决定自己的网店产品类目定位为服装类目中的女装。

知识加油站 »»»　　　　淘宝主营产品定位

（1）引流款　引流款是网店的主推产品。将产品定位为引流款，就意味着这个产品就是网店最大的流量来源通路。引流款产品，一般选择大部分消费者都能接受的、非小众的产品。而且这产品相比于竞争对手，要有价格或者其他方面的优势。

（2）利润款　靠此产品为网店带来更多的利润和销量。因此这类产品应该占实际营销中的最高比例。利润款前期的选款，对数据挖掘要求比引流款更高，在选择时，首先要锁定目标群众，精准地分析目标群众的爱好，根据他们的爱好分析出适合他们的款式、产品卖点、设计风格、价位区间等多方面的因素，再做出决定。

（3）活动款　活动款的选款应该是大众款，且折扣较低，让顾客看到基础销量的价格与活动价格的诱人价格差，从而让顾客产生购物的冲动。

第二步：目标消费群定位。

确定好产品类目后，小王接下来分析网店的目标消费群，根据阿里大数据（见图1-6）可知：2015年第一至第三季度服装类产品消费者中，23～28岁年龄段的人群是主力消费者，从2011年至2015年三季度，19～22岁消费者增长最快，整体呈现年轻化趋势。

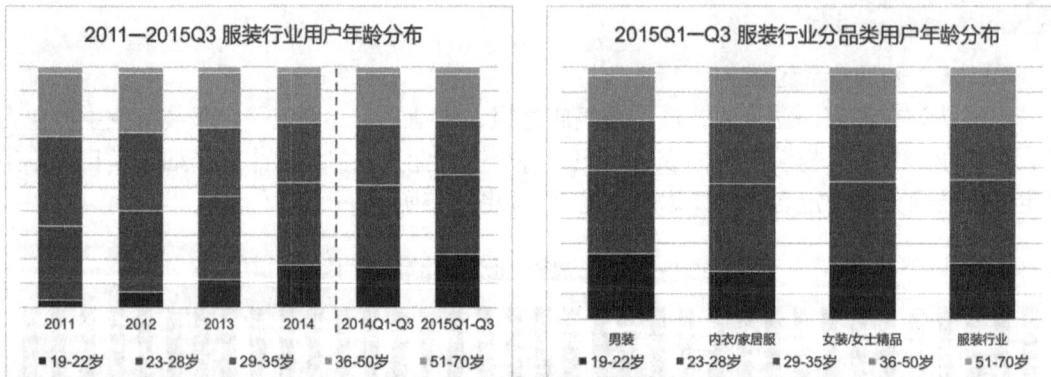

图1-6　服装行业用户年龄分布

分析：小王通过大数据发现追求时尚潮流、喜欢网上购物的年轻网民为服装类产品的主流消费群体。淘宝站内竞争大，主要以特色的商品和价格以及良好的服务取胜。特别是女装类目下，商品风格定位不同，目标消费群也不尽相同。另外，小王还考虑到可针对不同的消费者给予不同的服务，如对学生可以实行货到付款，对疑问较多的顾客可提供详细的解说以及相关的质量证明等。

结论：结合女装商品的特点，小王将网店目标消费群年龄定为19～35岁。

第三步：网店商品价格定位。

产品价格，是消费者决定是否购买的关键性因素。令小王头疼的是：如果价格太高，且产品本身与其他店铺的产品差别不大，消费者肯定就会购买其他店铺的产品。但是如果价格太低，网店的利润又是个问题。小王认为还是要通过数据分析，查看消费者普遍能够接受的女装价格区间。

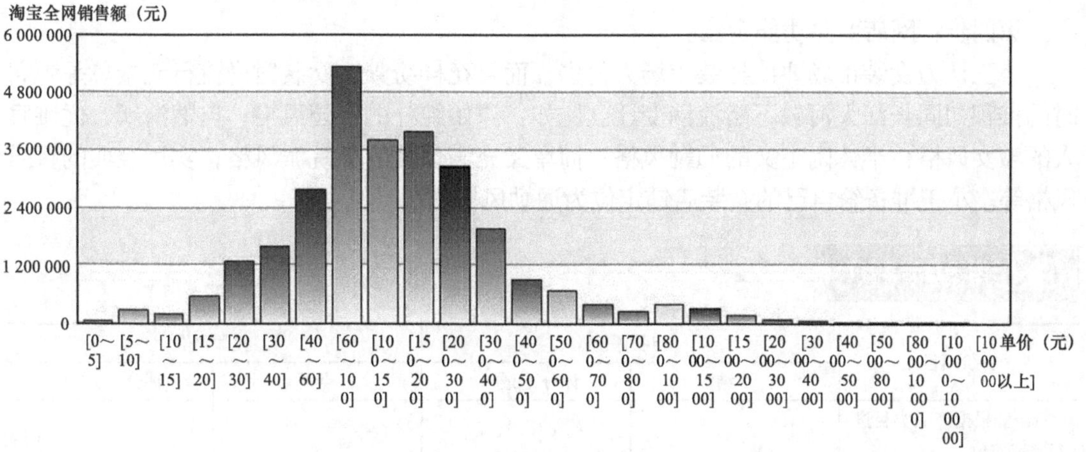

图1-7 2017年2月女装类目产品价位分析

分析：小王通过2017年2月女装类目产品价位分布（见图1-7）看到，消费者的年龄和职业决定了在淘宝平台开展销售，定价不宜太高。他准备等客户对店铺有了认知认可之后，再向老客户推送一些高客单价的产品，以实现后期的盈利。

结论：针对女装产品，小王决定本网店的定价区间为60～400元，符合普通大众的消费需求。

知识链接 》》 淘宝产品定价策略

1）差别定价策略：是指对同一产品针对不同的顾客、不同的时间制定不同的价格的策略。差别定价可以满足顾客的不同需要，促进下单成交，能够为卖家谋取更多的利润。

2）顾客主导定价策略：以一种拍卖竞价方式来吸引顾客，在规定的时间内出价最高的消费者就可以赢得商品的购买权，也是一种秒杀的策略。

3）低价策略：网店产品价格可比实体店低一半，甚至多于一半，一方面能吸引顾客，另一方面可以提高自己的竞争力。

4）折扣定价策略：分为数量折扣和季节折扣，不论哪种折扣方式，都是鼓励消费者更多购买商品的一种策略。

试一试

尝试完成表1-4，调查一下自己的女性长辈网购商品所能接受的价格区间，分析长辈的商品心理价位。

表1-4　女性长辈网购商品价格区间调查表

（单位：元）

商品类别	100以下	100~300	301~600	600~1000	1000以上
连衣裙					
牛仔裤					
高跟鞋					
单肩包					

第四步：网店商品功能定位。

小王认为女装市场要比男装市场大得多，而且花样纷繁，女装时尚流行元素总是随着时间推移如同长江大河般不断流淌变迁。比如：原始纯朴的田园风格；自然清新、优雅宜人的淑女风格；半休闲主义的通勤风格；简单又充满理性的学院派风格；实用经典的百搭风格等。小王准备给自己的女装店铺定位为通勤风格。

活动评价

评价项目	自我评价		教师评价	
	小结	评分（5分）	点评	评分（5分）
1. 能根据产品类目进行产品定位				
2. 能说出淘宝产品定价策略				
3. 能根据产品定位分析目标消费者特点				

活动三　制订网店运营的基本方案

活动描述

做好网店各项定位后，小王的网店进入筹备开业阶段了，虽然网店规模不大，但"麻雀虽小，五脏俱全"，各部门及人员的主要职责需要制定相应的规范制度，才能有条不紊地开展日常运作，小王开始起草网店管理制度。

活动实施

第一步：构建网店组织架构。

个人卖家除了相互之间的激烈竞争，还要面对无论资金、人力、物力还是可信度都比个人店强得多的品牌店的竞争，生存的空间越来越小。小王深知：一个人撑起一个皇冠店的时代已经成了过去式，要在当今激烈的电子商务竞争中生存下来并且盈利，必须依靠团队的力量。所以，小王寻找了几个同样有创业愿望的好朋友一起打理网店，他们首先确定了网店最基本的组织架构，如图1-8所示。

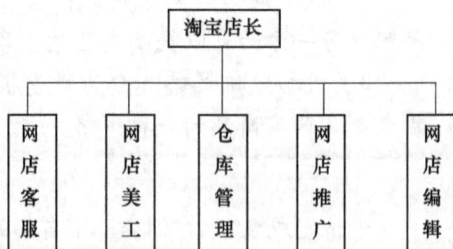

图1-8　网店组织架构

第二步：明确各岗位职责。

一个网店就如同一个公司，它的决策执行效果与每个部门、每个员工的工作效率有关，只有明确自身的岗位职责，才能充分发挥自身的岗位职能，提高工作效率。小王和他的伙伴们一起制定了网店基本岗位职责，见表1-5。

表1-5　网店各部门岗位职责

岗位名称	主要工作内容
店长	1. 负责网店整体规划、营销、推广、客户关系管理等系统经营性工作 2. 负责网店日常维护，保证网店的正常运作，优化店铺及商品排名 3. 负责收集市场和行业信息，提供有效应对方案 4. 制订销售计划，带领团队完成销售业绩目标 5. 负责客户关系维护，处理相关客户投诉及纠纷问题
网店客服	1. 通过聊天软件，做好售前咨询，引导顾客进行购买 2. 熟悉淘宝的各种操作规则，解答客户疑问，促成交易 3. 提供售后服务并能解决一般投诉 4. 配合网店的推广宣传，在各种群和论坛发帖宣传、进行店铺推广
网店美工	1. 负责网络店铺视觉规划设计，以及产品描述工作 2. 负责网站产品后期图片的处理和排版
网店编辑	1. 负责网店产品上架和下架的相关工作 2. 负责网店产品的宝贝描述文字的撰写及配图文字的撰写 3. 负责促销活动文案的构思和撰写 4. 负责网店产品标题的编辑和修改等
网店推广	1. 根据网店特点，确定网店推广目标和推广方案 2. 与各部门沟通，细化确认需求，按时保质完成网站推广任务 3. 负责网店搜索、引擎优化及维护、更新，提高网店排名，提升网店人气 4. 收集、研究和处理网络咨询的意见和反馈信息
仓库管理	1. 负责商品进库、出库、发货包装 2. 准确无误地核对面单与商品货号、数量等 3. 登记商品出库记录 4. 定期对库房进行盘点

知识加油站 》》　　　　淘宝网店主要的数据指标

1）流量（UV）：在一定时间内打开网站地址的人气访问量。

2）访问深度（DV）：消费者在一次浏览你的网店的过程中所浏览的网页数。

3）转化率：是所有到达店铺并产生购买行为的人数和所有到达店铺的人数的比率。转化率=（产生购买行为的客户人数/所有到达店铺的访客人数）×100%。

4）连带率：是指销售的件数和交易的次数，该指标用于检验客服推荐销售能力、关联搭配设计的效果。

5）客单价：一个消费者每一次到场消费（当日多次消费的算一次），对应的平均消费金额。

想一想　同学们，请你说说淘宝网店各主要数据指标分别与哪个岗位的工作任务相关。

第三步：明确网店主要活动项目的工作内容。

网店是一个整体，虽然各部门职责明确，但工作中往往涉及互相合作，此时充分的协调沟通便变得非常必要。为分清网店整体工作中的权责，小王和他的伙伴们专门针对网店主要运营活动项目，制定了相对应的工作内容清单，见表1-6。

表1-6 网店主要活动项目的工作内容清单

活动项目	主要工作内容
日常管理	1. 确定店铺的整体风格，做好各个区域的美工工作 2. 细化买家须知内容，尽量做到顾客可以自主购物 3. 美工负责美化产品图片，编辑负责配置好相关的文案说明 4. 优化各个产品的标题及宝贝描述，核实价格及库存信息后，全部上架
营销推广	1. 确定3~5款主打产品，以后历次活动优先考虑这几款产品，以此吸引客户，做好关联销售 2. 配合新店铺的推广活动，做好庆开店营销，设置全场折扣及折后VIP折扣 3. 设置淘宝客、聚划算等推广活动，以此引进流量
售后处理	1. 委任有经验的、沟通能力强的客服担任售后工作 2. 细化各种售后问题应对方案，加强与仓库管理部门的协调沟通，如不同情况对客户的损失如何补偿；快递丢件如何索赔，如何追件等其他相关售后问题
仓库管理	1. 及时核对库存信息，和编辑保持及时沟通，避免店铺显示出售状态的产品实际无货情况的出现，缺货产品及时下架 2. 发货周期为一天一次；除有活动订单较多的情况外，订单一般要在24小时内发出，最迟不超过48小时；如果遇到缺货或其他问题不能及时发货，应及时通知客服联系客户进行沟通，做好换货或退款事宜

议一议

同学们，请你说说淘宝网店各主要活动项目分别与哪些岗位的工作任务相关。

活动评价

评价项目	自我评价		教师评价	
	小结	评分（5分）	点评	评分（5分）
1. 能列举网店各部门				
2. 能说出各部门主要工作职责				
3. 能辨别网店各活动项目中各部门工作内容				

任务二 店铺创建

任务介绍

在本任务中，我们将学习如何在淘宝网上注册成为会员成功开通店铺，及如何在网店中上架产品。通过活动一，学会通过手机号及绑定实名银行卡验证的方式注册淘宝账号，并在完成淘宝的实名认证后开设网店；通过活动二，学会如何在淘宝网店中上架商品，及如何设置商品的各项参数，最终目的是为了向消费者更好地展示商品促成交易达成。

活动一 　注册淘宝会员并开通店铺

活动描述

小王准备在淘宝开个人网店，首先要注册成为淘宝的会员，然后通过支付宝的实名认证，即可开设店铺。由于小王注册的淘宝会员主要是扮演卖家的角色，所以在注册会员时应考虑有关细节的营销作用。

活动实施

第一步：注册淘宝账户。

1）小王打开淘宝网首页www.taobao.com，如图1-9所示，并单击"免费注册"。

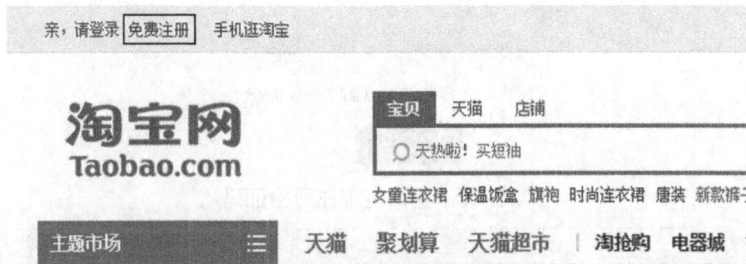

图1-9　淘宝网首页

2）小王在仔细阅读了"注册协议"（见图1-10）后，单击"同意协议"。

图1-10　淘宝会员注册协议

3）小王通过输入自己的手机号（见图1-11）及验证码（见图1-12）注册会员。

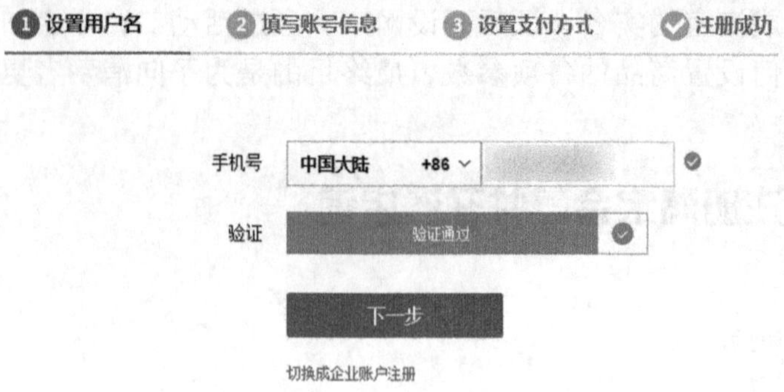

① 设置用户名　② 填写账号信息　③ 设置支付方式　✔ 注册成功

手机号　中国大陆　+86 ∨ ⊘

验证　　　验证通过　⊘

下一步

切换成企业账户注册

图1-11　通过手机号注册

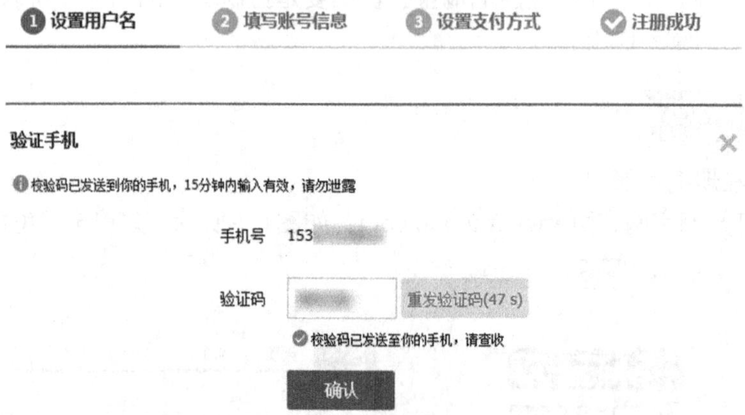

① 设置用户名　② 填写账号信息　③ 设置支付方式　✔ 注册成功

验证手机　　　　　　　　　　　　　　　　✕

ⓘ 校验码已发送到你的手机，15分钟内输入有效，请勿泄露

手机号　153

验证码　　　　　重发验证码(47 s)

⊘ 校验码已发送至你的手机，请查收

确认

图1-12　输入淘宝注册验证码

> 想一想
>
> 淘宝网注册为什么要通过手机号注册？如果更换手机号能保留原淘宝账号吗？

4）小王在设置完成用户名后，进一步填写相关账号信息，如图1-13、图1-14所示。

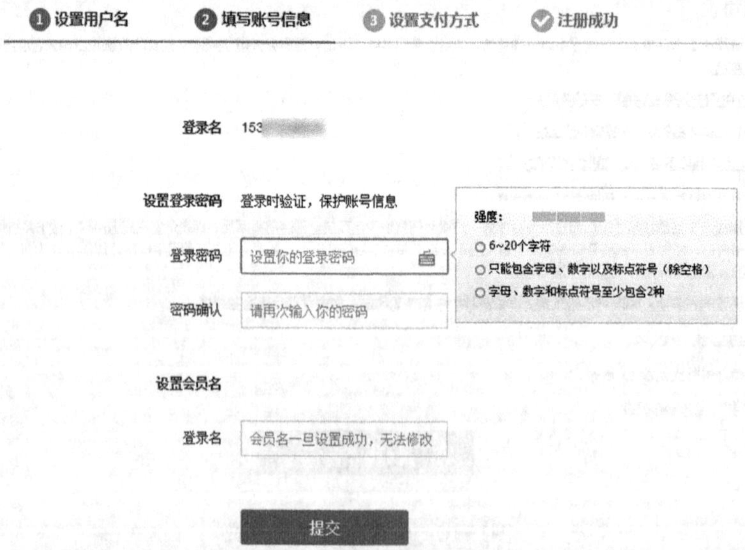

① 设置用户名　② 填写账号信息　③ 设置支付方式　✔ 注册成功

登录名　153

设置登录密码　登录时验证，保护账号信息

登录密码　设置你的登录密码　🔒

密码确认　请再次输入你的密码

强度：

○ 6~20个字符
○ 只能包含字母、数字以及标点符号（除空格）
○ 字母、数字和标点符号至少包含2种

设置会员名

登录名　会员名一旦设置成功，无法修改

提交

图1-13　设置登录密码并确认

① 设置用户名   ② 填写账号信息   ③ 设置支付方式   ✓ 注册成功

登录名   153

设置登录密码   登录时验证，保护账号信息

登录密码   ●●●●●●●●●   ✓强度：中

密码确认   ●●●●●●●●●   ✓

设置会员名

登录名   会员名一旦设置成功，无法修改   ❶建议会员名使用简体中文，方便好记

提交

图1-14   设置会员用户名

小贴士 »»   **淘宝会员用户命名技巧**

（1）汉字第一、拼音第二、英文次之。
（2）通俗易懂，富有特色。
（3）品牌第一，类目第二。

5）设置支付方式，如图1-15所示。

由于该银行卡号用于支付宝实名认证，因此该卡持卡人信息应与淘宝开店者本人信息相符，此处填写的银行卡号必须是以小王的身份证办理的银行卡号，且手机号码要与银行预留的手机号码一致。

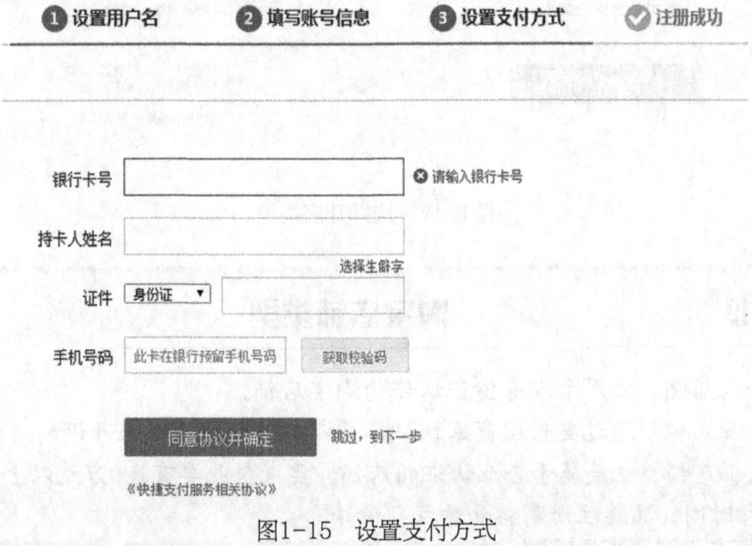

① 设置用户名   ② 填写账号信息   ③ 设置支付方式   ✓ 注册成功

银行卡号   ✕请输入银行卡号

持卡人姓名
               选择生僻字

证件   身份证 ▼

手机号码   此卡在银行预留手机号码   获取校验码

同意协议并确定   跳过，到下一步

《快捷支付服务相关协议》

图1-15   设置支付方式

<table>
<tr><td>议</td><td rowspan="2">同学们，为什么在淘宝网注册阶段就要求设置支付方式？为什么在网易注册不需要绑定银行卡呢？</td></tr>
<tr><td>议</td></tr>
</table>

6）提交以上资料后，小王终于看到了注册成功提示信息，如图1-16所示。

淘宝网 用户注册
Taobao.com

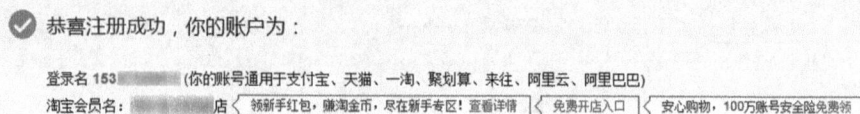

✓ 恭喜注册成功，你的账户为：

登录名 153▇▇▇▇▇（你的账号通用于支付宝、天猫、一淘、聚划算、来往、阿里云、阿里巴巴）
淘宝会员名：▇▇▇▇▇店 ◁领新手红包，赚淘金币，尽在新手专区！查看详情▷ ◁免费开店入口▷ ◁安心购物，100万账号安全险免费领▷

图1-16　淘宝账户注册成功

第二步：选择开店类型。

网店类型有企业店铺和个人店铺，其中企业店铺需要上传企业营业执照等相关证件，普通自然人开店一律选择"个人店铺"。小王还没有办理企业营业执照，故现在先申请个人店铺，如图1-17所示。

免费开店

申请淘宝店铺完全免费；一个身份只能开一家店；开店后店铺无法注销；申请到正式开通预计需1~3个工作日。了解更多请看开店规则必看

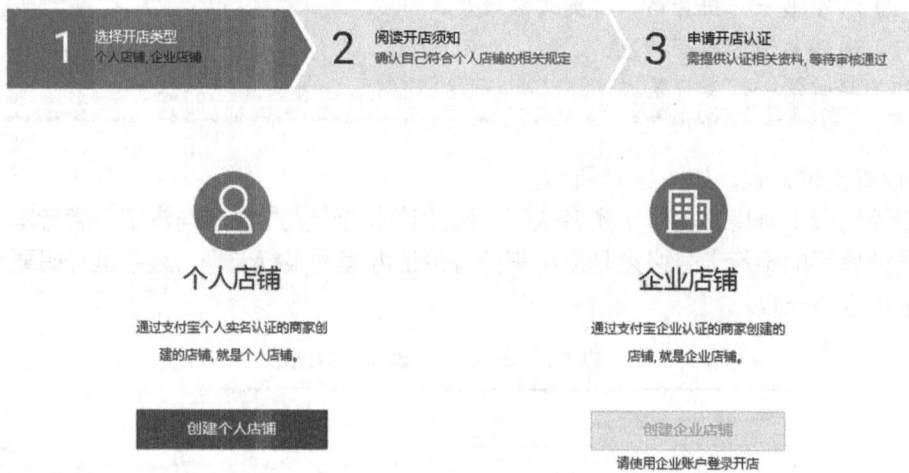

| 1 | 选择开店类型 | 2 | 阅读开店须知 | 3 | 申请开店认证 |
| --- | 个人店铺、企业店铺 | --- | 确认自己符合个人店铺的相关规定 | --- | 需提供认证相关资料，等待审核通过 |

👤 **个人店铺**

通过支付宝个人实名认证的商家创建的店铺，就是个人店铺。

[创建个人店铺]

🏢 **企业店铺**

通过支付宝企业认证的商家创建的店铺，就是企业店铺。

[创建企业店铺]
请使用企业账户登录开店

图1-17　选择开店类型

知识链接 》》　　　　淘宝店铺类型

（1）个人店铺　使用个人身份证认证的淘宝店铺。

（2）企业店铺　通过支付宝商家认证，并以工商营业执照来开设的店铺。

（3）天猫店铺　也是属于企业认证的店铺，要求企业要有100万元以上注册资金、2年以上经营时间、品牌注册商标和纳税身份等。

议
一
议
同学们，淘宝网为什么要对店铺进行分类？企业店铺中为什么天猫店铺要设置较高的准入条件？请你说出理由。

第三步：进行支付宝实名认证。

1）由于网店属于经营性质，涉及后期经济利益，买卖双方都要承担一定的责任，所以小王需要设置个人身份信息，如图1-18所示。

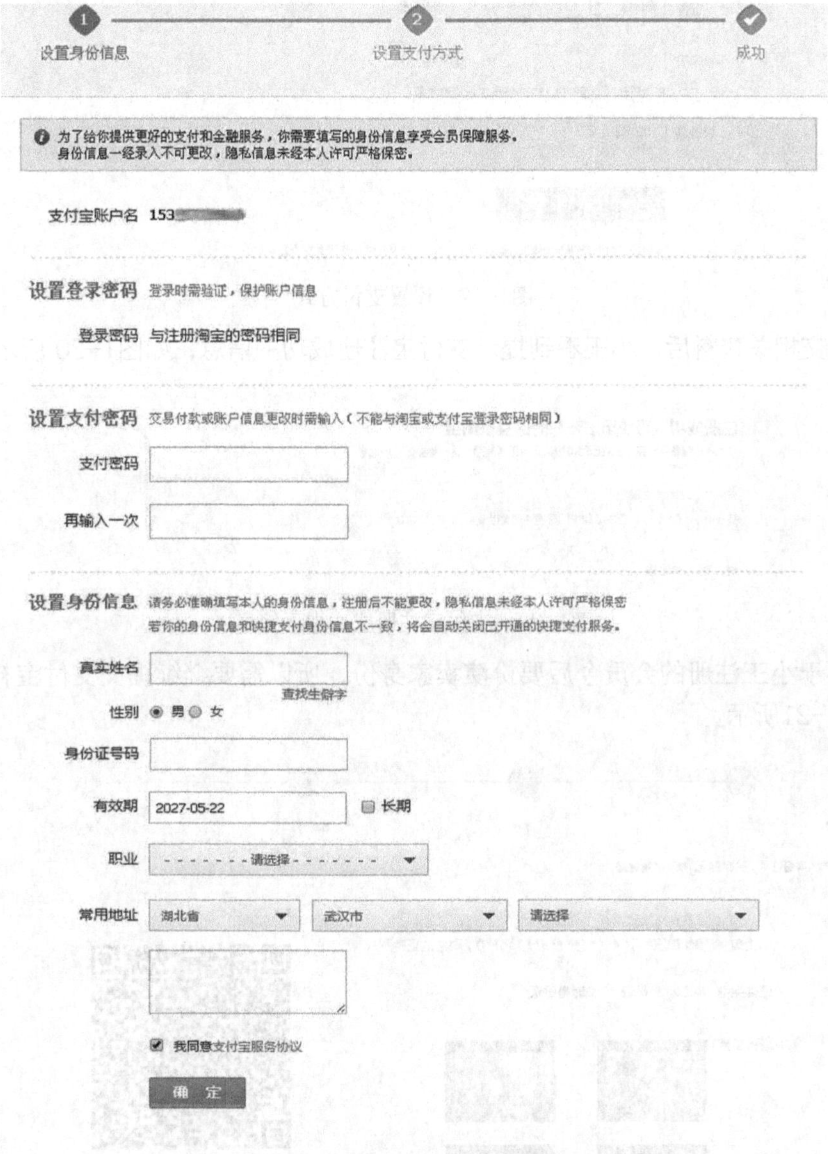

图1-18　设置支付宝个人身份信息

议
一
议
同学们，为什么支付宝要进行实名认证？如果是未成年人，他能通过实名认证吗？为什么？

2）小王进一步设置支付宝中的支付方式，如图1-19所示。

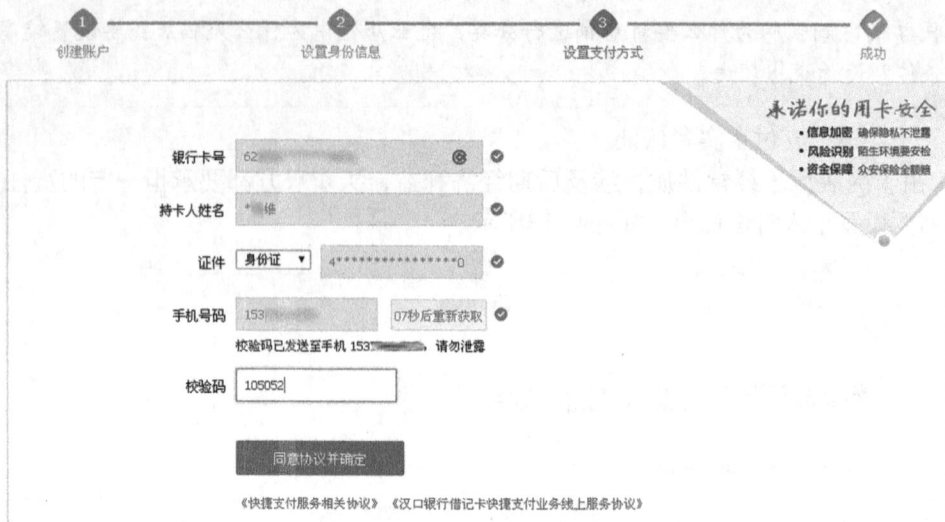

图1-19　设置支付方式

3）提交相关资料后，小王看到提示支付宝注册成功的信息，如图1-20 所示。

图1-20　支付宝注册成功提示信息

4）由于小王注册的会员今后要扮演卖家身份，所以需要继续提交支付宝补充验证信息，如图1-21所示。

图1-21　支付宝补充验证信息

5）小王提交以上资料后，耐心等待支付宝审核，如图1-22所示。

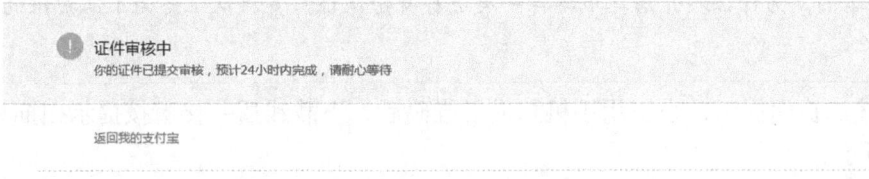

图1-22　等待支付宝审核

第四步：进行淘宝开店认证。

1）通过以上认证后，小王开始进入开店认证环节，如图1-23所示，单击"立即认证"。

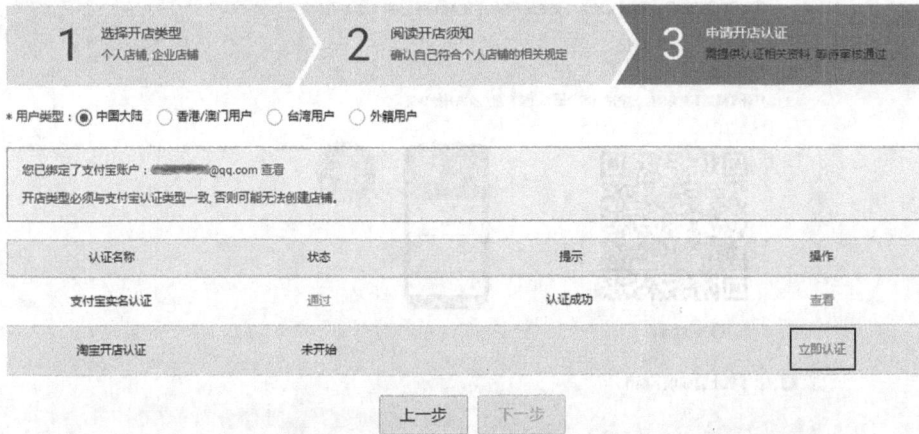

图1-23　申请淘宝开店认证

2）小王选择淘宝开店认证方式，如图1-24 所示。

图1-24　选择淘宝开店认证方式

想一想

同学们，为什么在开店环节要再一次进行身份认证？多次认证是为了保护谁的利益不受侵害？

3）按照页面提示，小王用手机扫描二维码后，下载钱盾并接着按提示扫描认证，如图1-25所示。

图1-25　手机端扫描下载钱盾

4）完成信息扫描后，小王继续等待审核，如图1-26所示。

图1-26　扫描信息完成等待审核

第五步：创建店铺。

小王通过认证后，如图1-27所示，单击"创建店铺"，就可以创建店铺，同意开店协议后，即可看到店铺创建成功的提示信息，如图1-28所示。店铺创建成功后，可以继续完善店铺信息。

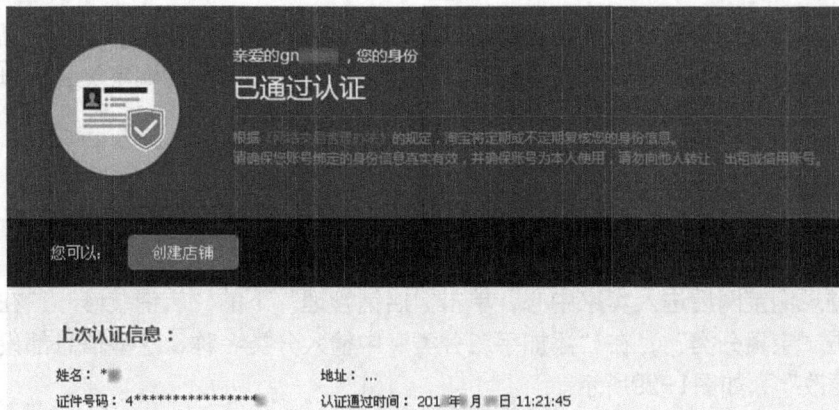

图1-27 创建店铺

免费开店

亲，店铺创建成功啦！祝您生意兴隆！

现在您可以经营您的店铺了，赶紧发布宝贝吧！

立即发布宝贝

淘宝网不会主动联系您缴纳保证金业务，谨防假冒客服诈骗！

千牛下载　　完善店铺信息　　淘宝旺铺

图1-28 店铺创建成功提示信息

活动评价

评价项目	自我评价		教师评价	
	小结	评分（5分）	点评	评分（5分）
1. 能说出淘宝注册开店的五个步骤				
2. 能辨别支付宝认证与淘宝认证方式的不同				
3. 能区分企业店铺与个人店铺				

活动二 发布商品

活动描述

　　小王成功开设网店后，着手将已准备好的商品信息发布到网店中，发布商品前需要准备好每个商品对应的图片资料及文字描述，还需要分清商品对应的淘宝类目，以防店铺发布信息违规。下面，我们来看看，小王是如何操作的。

活动实施

　　第一步：设置店铺宝贝分类。

　　小王登录淘宝网后进入卖家中心，单击"店铺管理"下的"店铺装修"，在新弹出的页面中单击"宝贝分类"，在"添加手工分类"中输入分类名称，这些信息都设置好后单击"保存更改"，如图1-29所示。

图1-29　设置商品分类

　　第二步：发布宝贝，选择宝贝类目。

　　小王在卖家中心后台"宝贝管理"栏目中单击"发布宝贝"，进入选择宝贝类目界面。宝贝类目至少有三级，所以第一级必须选择正确，否则会影响子类目的选择，正确设置商品类目有助于买家更加方便地找到自己想要的商品。小王选择了如图1-30所示的类目。

图1-30　选择宝贝类目

知识链接 » » 淘宝卖家选择精准类目发布宝贝技巧

（1）通过卖家中心后台选择精准类目 卖家可直接在宝贝发布页面，在"类目搜索框"进行商品关键词搜索，选择淘宝推荐的类目，从中选择出最精准的宝贝类目。

（2）通过淘宝指数选择精准类目 登录淘宝指数，利用淘宝指数特征，输入大类关键词并搜索，点击"市场细分"进行查看，分析该关键词在哪个类目分布最多，分布最多的类目即为精准类目。

（3）通过淘宝网搜索选择精准类目 卖家直接登录淘宝网，在淘宝搜索框中搜索宝贝关键词，查看其中的"相关分类"，从中选择最适合自己商品的精准类目。

第三步：填写宝贝基本信息。

小王根据宝贝的实际情况，详细填写宝贝信息，如图1-31所示。

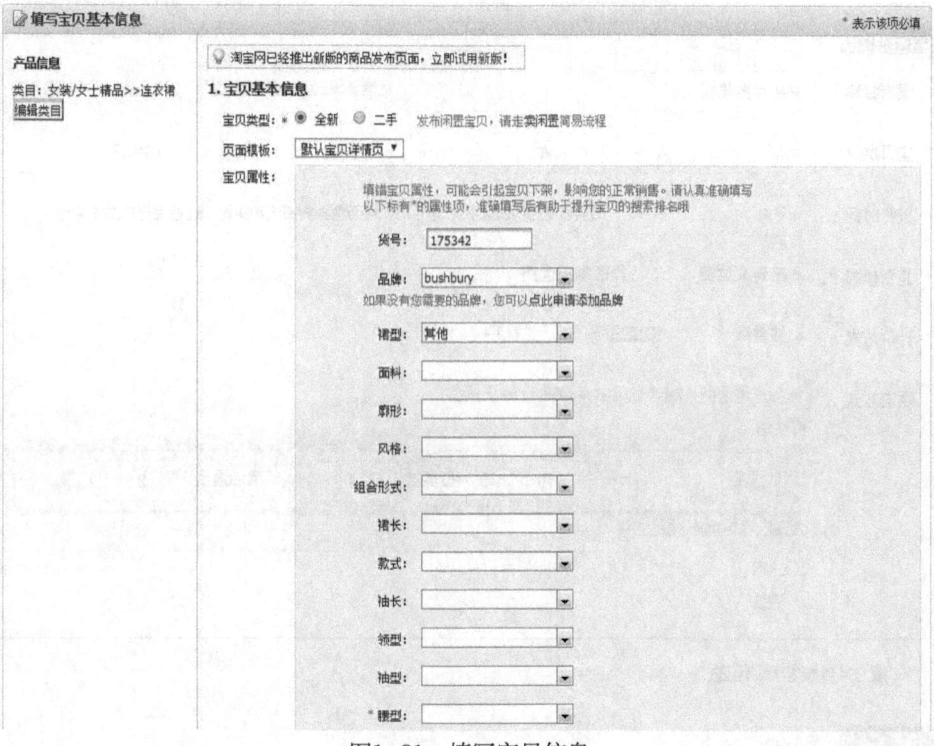

图1-31　填写宝贝信息

议一议　同学们，填写宝贝基本信息时，可不可以只填写带"*"的项目？怎样填写更好？请说出理由。

第四步：设置宝贝物流及安装服务。

在熟悉我国地理划分和特点的前提下，小王在发布宝贝页面设置宝贝物流及安装服务，如图1-32所示。

根据网店所在地及宝贝销售地区的不同，小王也可以设置不同的运费模板，如图1-33所示。

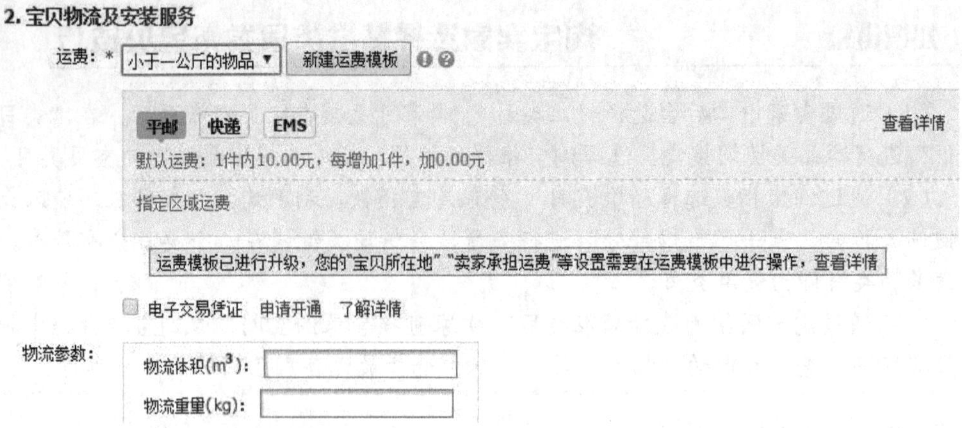

2. 宝贝物流及安装服务

运费：* 小于一公斤的物品 ▼ 新建运费模板 ❶ ❓

> **平邮** **快递** **EMS** 查看详情
>
> 默认运费：1件内10.00元，每增加1件，加0.00元
>
> 指定区域运费

运费模板已进行升级，您的"宝贝所在地""卖家承担运费"等设置需要在运费模板中进行操作，查看详情

☐ 电子交易凭证 申请开通 了解详情

物流参数：　物流体积(m³)：＿＿＿＿＿

　　　　　　物流重量(kg)：＿＿＿＿＿

图1-32　设置宝贝物流及安装服务

新增运费模板

模板名称：　女装运费模板　　　　　　　运费计算器

* 宝贝地址：　中国 ×▼　广东省 ×▼　广州市 ×▼　越秀区 ×▼

发货时间：　1天内 ×▼　如实设定宝贝的发货时间，不仅可避免发货咨询和纠纷，还能促进成交！详情

* 是否包邮：　⦿ 自定义运费　　○ 卖家承担运费

* 计价方式：　⦿ 按件数　　○ 按重量　　○ 按体积

运送方式：　除指定地区外，其余地区的运费采用"默认运费"

☑ 快递

> 默认运费　1　件内　10　元，每增加　1　件，增加运费　2　元
>
> 为指定地区城市设置运费

☐ EMS

☐ 平邮

☐ 指定条件包邮 New 可选

保存并返回　取消

图1-33　增加宝贝运费模板

议一议 同学们，在全国范围内一般哪些地区物流费用最低？哪些地区物流费用较高？请说出理由。

第五步：设置宝贝售后保障信息。

小王还需要设置宝贝售后保障信息，即有无发票、保修及服务保障等，如图1-34所示。

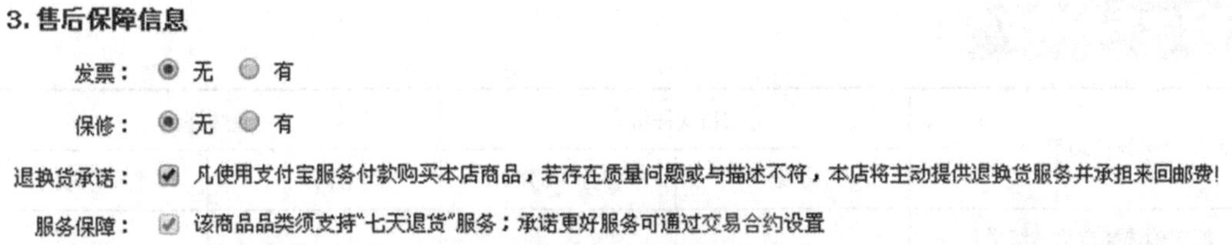

3. 售后保障信息

发票：⦿ 无　○ 有

保修：⦿ 无　○ 有

退换货承诺：☑ 凡使用支付宝服务付款购买本店商品，若存在质量问题或与描述不符，本店将主动提供退换货服务并承担来回邮费！

服务保障：☑ 该商品类须支持"七天退货"服务；承诺更好服务可通过交易合约设置

图1-34　设置宝贝售后保障信息

第六步：设置宝贝其他信息。

在这里，小王最重视的是时间设置，如图1-35所示，它关系到小王网店的商品能否最大可能被消费者搜索或查看到。最后单击"发布"，即完成宝贝的发布。

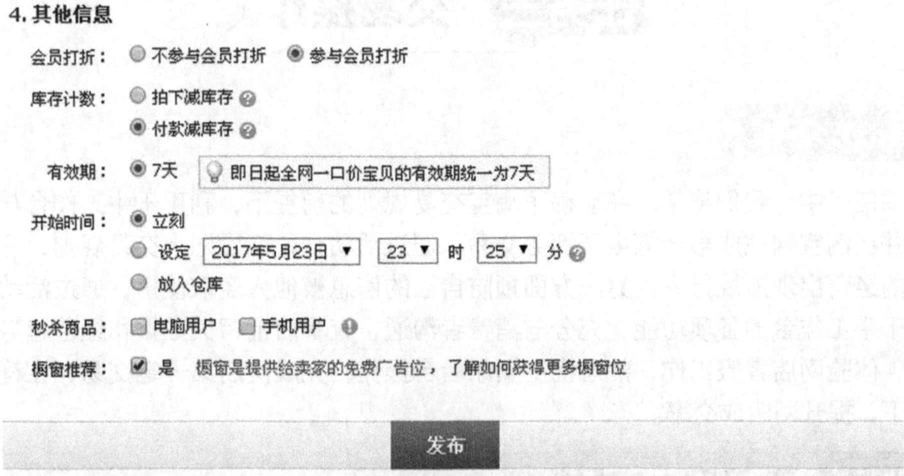

4. 其他信息

会员打折：○ 不参与会员打折　⦿ 参与会员打折

库存计数：○ 拍下减库存 ⓘ
　　　　　⦿ 付款减库存 ⓘ

有效期：⦿ 7天　💡 即日起全网一口价宝贝的有效期统一为7天

开始时间：⦿ 立刻
　　　　　○ 设定 2017年5月23日 ▼　23 ▼ 时　25 ▼ 分 ⓘ
　　　　　○ 放入仓库

秒杀商品：☐ 电脑用户　☐ 手机用户 ⓘ

橱窗推荐：☑ 是　橱窗是提供给卖家的免费广告位，了解如何获得更多橱窗位

【发布】

图1-35　设置宝贝其他信息

知识加油站 》》　　　**淘宝宝贝上架时间设置技巧**

1）淘宝宝贝的上架时间为7天一个循环周期，离下架时间越短的宝贝展示越靠前。

2）打散上架。一方面宝贝上架时间要打散，因为集中上架后必然会集中下架，从而影响店铺流量，一般每隔半小时左右发布一批新商品。另一方面，同类宝贝也需打散上架，因为淘宝规定同款宝贝每页最多4个，而同卖家商品每页最多2个。

3）一天内宝贝最优上架时间点。淘宝网每天有三个流量高峰，分别是：上午10点至11点，下午3点至4点，晚上8点至11点。也可根据网店经营宝贝类目特点合理选择上架时间。

4）全店宝贝上架布局时间优化：

① 重点宝贝在最优时间上架。

② 次重要宝贝在次优时间或均匀分布每天上架。

③ 本店内互相有竞争的宝贝在不同的时间上架。

④ 其他宝贝均匀安排上架。

5）用足橱窗推荐位，重点宝贝优先使用。

评价项目	自我评价		教师评价	
	小结	评分（5分）	点评	评分（5分）
1. 能正确选择宝贝一级类目				
2. 能独立设置运费模板				
3. 能选择宝贝上架合适时间				

任务三 交易操作

任务介绍

在本任务中，我们将学习在明确了淘宝交易规则的前提下，利用千牛工作台与消费者沟通，并在淘宝网完成第一笔电子商务交易。通过活动一，熟悉网上交易规则，一方面防止自己的经营出现违规行为，另一方面预防自己的信息被他人盗取使用；通过活动二，熟练使用千牛工作台的各项功能，充分与消费者沟通，查看店铺相关数据和经营趋势；通过活动三，体验网店客服工作，熟悉淘宝卖家后台操作，完成网店第一笔交易，在符合规则的前提下，提升网店成交率。

活动一 熟悉网上交易规则

活动描述

小王开设了个人网店，上架众多商品后，除了等待消费者咨询购买，自己也需要不断学习经营知识，尤其是要熟悉网上的交易规则。网上交易规则除国家相关法律法规确定的基本原则外，各网站都有自己制定的经营规范。由于小王的网店在淘宝网开设，所以必须熟悉淘宝网的交易规则。

活动实施

第一步：了解虚假交易及其处罚流程。

小王深知自己是淘宝卖家中的"菜鸟"，听说某些卖家为了在短期内提高网店的信誉度，刻意制造虚假交易，以提升自己店铺的交易量和好评数。什么样的情况会被淘宝网认定为虚假交易呢？小王查询了相关资料，了解到：虚假交易，是指以不正当提升排序为目的，提供虚构、伪造的交易凭证或在线生成虚假交易数据的行为。有些淘宝卖家为了提升网店信誉度，联合他人制造众多虚假交易信息，迷惑消费者。但是淘宝网管理规范严谨，一旦发现虚假交易，卖家将面临严厉处罚。小王总结了淘宝虚假交易处理流程，如图1-36所示。

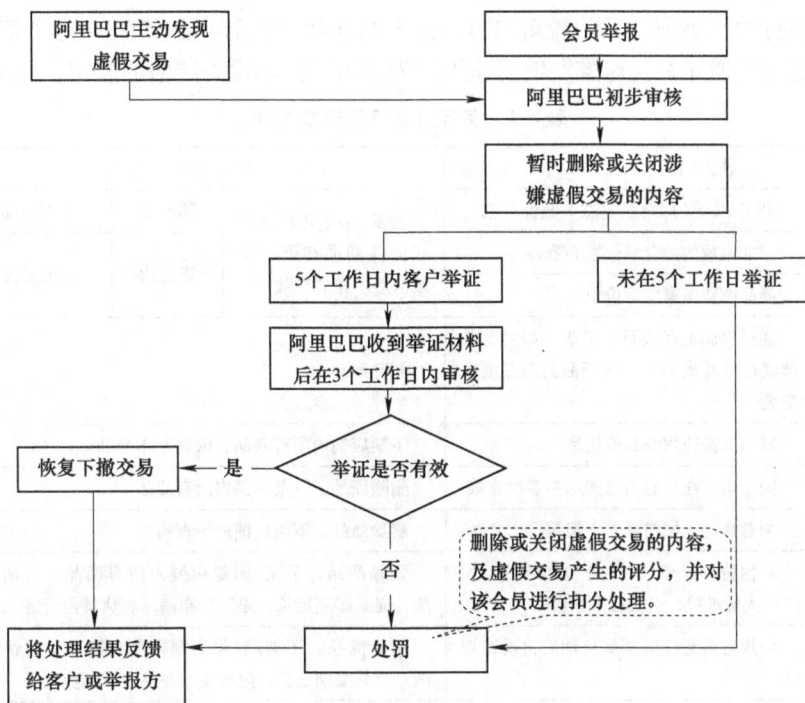

图1-36　淘宝虚假交易处理流程

知识链接 》》》　　　虚假交易行为举例

1）自买自卖。

2）买卖双方虚构无实际钱货往来的交易或者虚构与实际钱货往来不符的交易。

3）上传伪造、变造的交易凭证（包含但不限于合同、发票等）。

4）将一件商品拆分为多个不同形式或页面发布。包含但不仅限于如下情况：商品和商品的运费分开发布；一个宝贝拆分不同价格打包出售。

5）将赠品打包出售或利用赠品提升信誉等。

6）使用虚假的发货单号或一个单号重复多次使用。

7）以直接或间接的方式，变更商品页面信息、大幅度修改商品价格或商品成交价格等。

8）以换宝贝形式累积销量或人气。包括但不限于如下情况：修改原有的宝贝的标题、价格、图片、详情、材质等使其变成另外一种宝贝继续出售。

议一议　　同学们，如果你是小王，你会选择通过制造虚假交易的方式短时间内提升网店信誉级别吗？为什么？

第二步：熟悉淘宝对于滥发信息的处罚规则。

小王经过学习发现淘宝有严谨、规范的商品发布信息规范，不可随意发布产品信息，如不认真解读，有可能会导致滥发信息错误。所谓滥发信息，是指用户未按淘宝发布的相关管理内容（包括但不限于规则、规范、类目管理标准、行业标准等）要求发布商品或信息，妨害买家权益的行为。小王学习的最新内容是：于2016年10月18日正式生效的淘宝新版《滥发信息规则变更公示通知》，对滥发信息违规行为进行了处罚更为严格的规定，见表1-7。

表1-7　淘宝滥发信息违规处罚

滥发信息		违规处理及纠正			扣分
规避信息	利用SKU（库存量单位）低价引流	在商品类页面发布（同件商品在同一滥发情形中违规次数）	第一次	下架商品	不扣分
	以非常规的数量单位发布商品		第二次	删除商品	0.2分
	商品邮费偏离实际价值				
	通过编辑商品类目、品牌、型号等关键属性使其成为另一款商品的商品要素变更	删除商品			不扣分
规避信息情节严重	发布大量违规商品或信息	下架店铺内所有商品、限制发布商品			6分
	同一卖家在规避信息情形中多次违规	删除商品、下架店铺内所有商品			2分
	刻意规避，如错峰上下架等	删除商品、下架店铺内所有商品			2分
规避信息情节特别严重	对消费者或平台产生不良影响的，如产生大量维权、引发公关事件等	删除商品、下架/删除店铺内所有商品、店铺屏蔽、交易账期延长、限制发布商品、店铺监管等			6分
	经规避信息情节严重处理后再次违规的	删除商品、下架/删除店铺内所有商品、店铺屏蔽、交易账期延长、限制发布商品、店铺监管等			6分
涉嫌规避信息的商品		视情节严重程度给予单个商品搜索屏蔽，就单个商品搜索降权直至商品整改完成后第3天恢复			不扣分

想一想　　同学们，对于不遵守规则的买家或卖家，仅扣分会有制约作用吗？扣分的最终极处罚会是什么？

知识加油站 》》　　淘宝一般违规及限制行为处罚

　　会员因一般违规行为，每扣12分即被给予店铺屏蔽、限制发布商品及公示警告7天的节点处理。若会员因恶意评价或竞拍不买被扣分，则在随后的节点处理中将对其增加限制买家行为的处理，见表1-8。

表1-8　淘宝会员一般违规及限制行为处罚

违规类型	扣分节点	限制发布商品	限制创建店铺	限制发送站内信、限制社区功能及公示警告	店铺屏蔽	关闭店铺（删除店铺、下架所有商品、禁止发布商品、禁止创建店铺）	下架所有商品
一般违规	12分	7天	/	/	7天	/	/
严重违规	12分	7天	7天	/	7天	/	/
	24分	14天	14天	/	14天	/	✓
	36分	/	/	/	/	/	/
	48分	查封账户					

　　规定的一般违规行为扣分满12分或12分的倍数之日起限制参加所有营销活动90天。因虚假交易被违规扣分达48分及以上的卖家及商品，永久限制参加营销活动。

第三步：了解淘宝侵权投诉处理流程。

小王了解到淘宝设有淘宝网知识产权保护平台，投诉及处理流程均在此平台上进行。一旦自己的知识产权受到侵犯，可按如图1-37所示流程进行投诉。

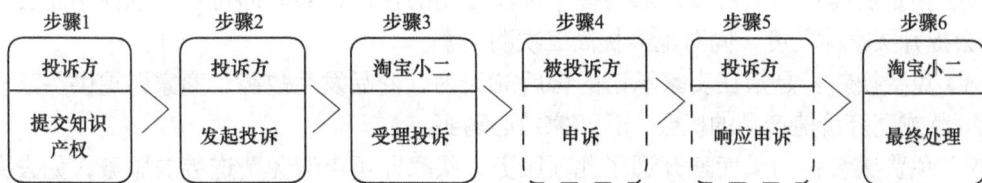

图1-37　淘宝知识产权侵权投诉处理流程

（1）投诉方提交知识产权　投诉方在保护平台上提交知识产权后，淘宝小二会验证知识产权，验证通过则进入下一步骤，验证不通过则需重新提交。验证审核结果会被发送到投诉方的电子邮箱中。

（2）投诉方发起投诉　根据步骤1验证通过的知识产权发起投诉，需在保护平台上选择投诉平台、投诉类型，填写投诉理由、投诉链接等。投诉提交后，需要密切关注处理过程，因为淘宝设置的相应申诉的时间非常短，一般为3个工作日，如果错过，则该投诉会被撤销。

（3）淘宝小二受理投诉　在此步骤中，淘宝小二会先进行投诉理由的审核，审核通过后删除商品，并向被投诉方披露投诉方信息及相关的权利凭证，要求被投诉方填写《反通知函》，审核不通过需重新发起投诉。对于专利侵权投诉及部分特殊情况，淘宝小二会根据申诉结果选择是否删除商品。

（4）被投诉方申诉　被投诉方根据删除的商品信息，向淘宝提供《反通知函》及申诉凭证，针对投诉理由进行申诉。

（5）投诉方响应申诉　淘宝对申诉人提供的材料初审合格后会将所述材料发给投诉方并要求在一定期限内提交反申诉材料，投诉方可选择撤销投诉或申请淘宝小二介入。

（6）淘宝小二最终处理　如果投诉方未在以上期限内提供反申诉材料，或者投诉人提供的反申诉材料无效，淘宝将会撤销之前的处理。如果投诉方提交有效的反申诉材料，淘宝会将情况反馈给申诉人，并建议申诉人通过法律途径维护自己的合法权益。

第四步：读懂消费者保障服务。

小王在开设店铺时还发现：成为淘宝卖家必须加入消费者保障服务。根据消费者保障服务协议及淘宝网其他公示规则的规定，小王可按其选择参加的消费者保障服务项目（以下称"服务项目"），向买家提供相应的售后服务。经查询，小王发现消费者保障服务主要有：

1）七天无理由退货：是指买家自收到商品之日起七日内，在不影响二次销售的情况下，无须理由即可进行退货。

2）海外直邮：提供海外直邮服务，以明显标识吸引海淘买家，向买家承诺相应违约金，增强买家购买信心，提升浏览转化率和下单转化率。

3）卖家包税：针对海外直邮商品提供包税服务，减少买家海淘购买顾虑，提升浏览转化率和下单转化率。

4）品质承诺：是为了消除顾客购买顾虑，促进销售，是消费者保障服务。

5）退货服务：也就是之前所说的七天无理由退货。

6）破损补寄：意思就是在卖家承诺的保障期内，如果商品在运输途中发生损坏，买家是可以申请破损部分商品补寄的。

7）指定快递：卖家可以开通与多个物流公司的合作，买家即可自由选择快递公司，这样会提升买家体验度，同时也会提高二次购买率。

8）免费换新：是指在卖家承诺的售后30天内，商品发生故障，商家即提供买家一次换新同款或同等价值产品的机会，让买家放心购买。

9）免费送装：如果卖家开通了此项服务，买家即可申请免费送装的服务，免去买家自行安装的苦恼。

10）卖家运费险：这是供卖家购买的一份运费保险。

> **议一议**
>
> 同学们，淘宝为什么会推出消费者保障服务？例如，小刘是淘宝网的买家，一贯信誉良好，一次购买衣服发现所选尺码偏小，选择退货，在输入退货物流编号后，立即就收到了支付宝退款。请问消费者保障服务的最终受益者是谁？

活动评价

评价项目	自我评价		教师评价	
	小结	评分（5分）	点评	评分（5分）
1. 能列举至少四种虚假交易行为				
2. 能说出四大类滥发信息的扣分分值				
3. 能解释消费者保障服务				

活动二 玩转卖家工作台——千牛

活动描述

"工欲善其事，必先利其器"，小王的网店创建后，还应重视与消费者交流及利用软件进行日常运营的管理，也就是必须学会使用淘宝的专用"利器"——千牛工作台。

活动实施

第一步：千牛的下载及安装。

小王用手机或计算机访问work.taobao.com下载千牛，如图1-38所示，目前支持版本有：iPhone版、Android版、Windows版，下载后小王根据提示安装软件。

图1-38　千牛扫码下载

知识加油站 》》》　　　千牛名称的来源

《庄子·养生主》中记载，庖丁宰牛数千头，所用刀仍锋利无比。故后世称锋利的刀为千牛刀。千牛工作台之于卖家而言，就是经营网店的一把"千牛刀"。

第二步：设置千牛工作台桌面定制。

小王看到的工作台是移动端千牛的首页，供卖家主动开展日常工作，如图1-39所示。小王可以根据自己网店的经营需要，自由选择添加项目，完成桌面定制，如图1-40所示。

图1-39　千牛工作台桌面定制前

图1-40　千牛工作台桌面定制后

第三步：管理千牛消息中心。

小王经过试用发现：千牛消息中心（图1-41）是卖家消息的聚合地，卖家可自主订阅与本网店经营相关的信息，如图1-42所示。而小王看到的这些消息主要分为两大类，一类是系统消息，如商品、交易、退款等系统通知，另一类是运营消息，如淘宝通知、天猫早知道等信息，如图1-43、图1-44所示。

图1-41　移动端消息首页

图1-42　查看千牛服务号消息

图1-43　查看淘宝大学服务号

图1-44　查看具体内容

小贴士 》》》

　　淘宝大学是阿里巴巴集团旗下核心教育培训部门。淘宝大学官网是阿里巴巴集团唯一的对外电子商务在线培训服务平台，也是淘宝大学为电商打造的24小时电商加油站，无论是淘宝掌柜、电商从业者还是电商企业主，都可以通过在线学习平台学到一线实战卖家分享的各类有价值的内容。

　　第四步：通过千牛与客户沟通。

　　小王听说以前的淘宝客服长期"坚守"在计算机前，就怕万一离开后顾客流失了，但小王发现千牛工作台的最大优势便是移动端与PC端信息同步，如图1-45所示，如最近联系人、聊天记录、快捷短语等。这使得网店客服人员可以随时随地与消费者沟通，增强了便利性。

图1-45　千牛移动端与PC端信息同步

议一议

　　同学们，千牛工作台的移动端与PC端信息同步，仅仅是"解放"了客服人员，使其不用长期守候在计算机旁吗？千牛工作台功能的多样化还为谁提供了便利？

　　第五步：利用千牛做管理。

　　小王继续在移动端添加各种插件，帮助其管理交易，如上下架、宝贝体检、橱窗推荐、扫描发货等。小王既可以利用移动端自主完成修改宝贝价格等操作，也可用移动端检查员工工作完成情况。但网店中的客服人员及发货人员一般使用千牛PC端更为方便，如客服与顾客沟通后，同意给予顾客一定折扣，可以在淘宝"卖家中心"——"已卖出的宝贝"中寻找到该订单，如图1-46所示。

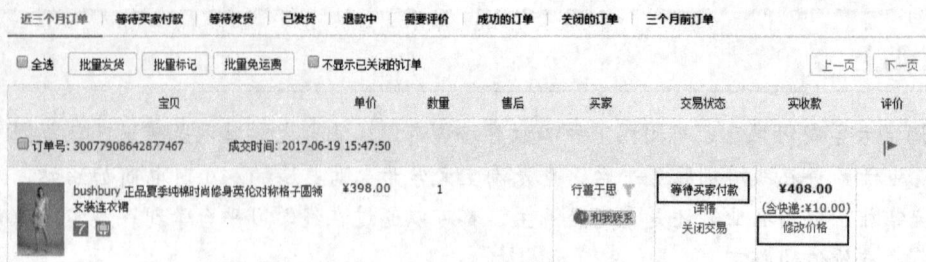

图1-46　查看待付款订单

单击待付款订单中的"修改价格"链接，进入订单价格修改页面，如当前显示运费为10元，如图1-47所示，可直接输入数值修改出售商品的运费。

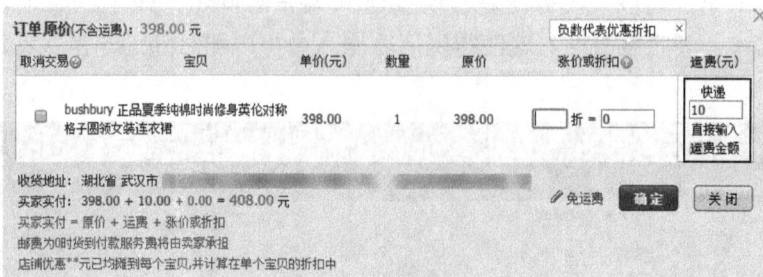

图1-47　修改运费

还可根据与顾客沟通情况，适当修改商品价格，在修改页面，一般按折扣点给顾客优惠，如图1-48所示。

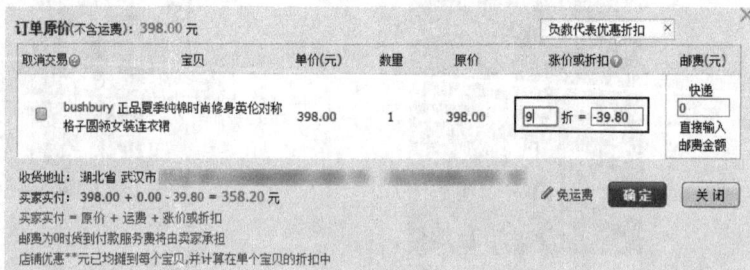

图1-48　选择修改类型输入修改金额

修改完商品售价及快递费用后，可查看订单状态，看订单价格是否已发生变化，如图1-49所示。

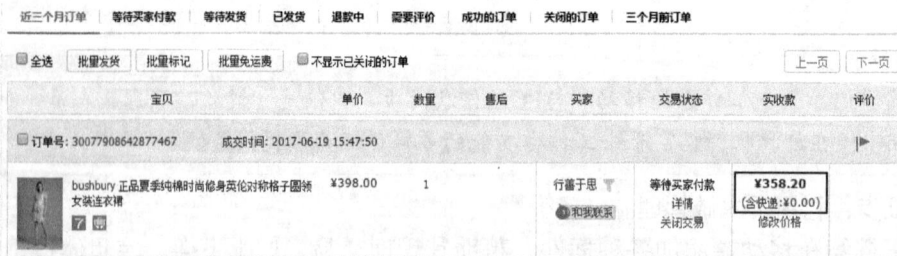

图1-49　修改价格后的订单状态

试一试

同学们，千牛工作台除了上面介绍的功能外，还有哪些功能呢？

活动评价

	小结	评分（5分）	点评	评分（5分）
1. 能正确下载并安装千牛工作台				
2. 能合理设置千牛工作台桌面定制				
3. 能运用千牛工作台与消费者沟通				

活动三 完成店铺第一笔交易

活动描述

　　熟悉了淘宝网的规则，了解了千牛工作台的使用方法，通过推广活动的配合，小王激动地接待了第一位顾客的主动咨询。客服人员在网店中发挥着重要作用，应尽量服务好每一位前来咨询的顾客，促成交易。

活动实施

　　第一步：热情接待顾客。

　　小王开设网店后焦急地等待着第一位光临的顾客，当在千牛工作台上看到第一个闪动的头像时，小王怀着激动的心情，热情地接待，如图1-50所示。

图1-50　热情接待顾客

　　第二步：解答顾客疑问。

　　小王在与顾客沟通过程中发现，由于网络是虚拟的世界，不像面对面交流那样直接，所以网店的客服在接待过程中更应耐心、亲切地解答顾客疑问，如图1-51所示。

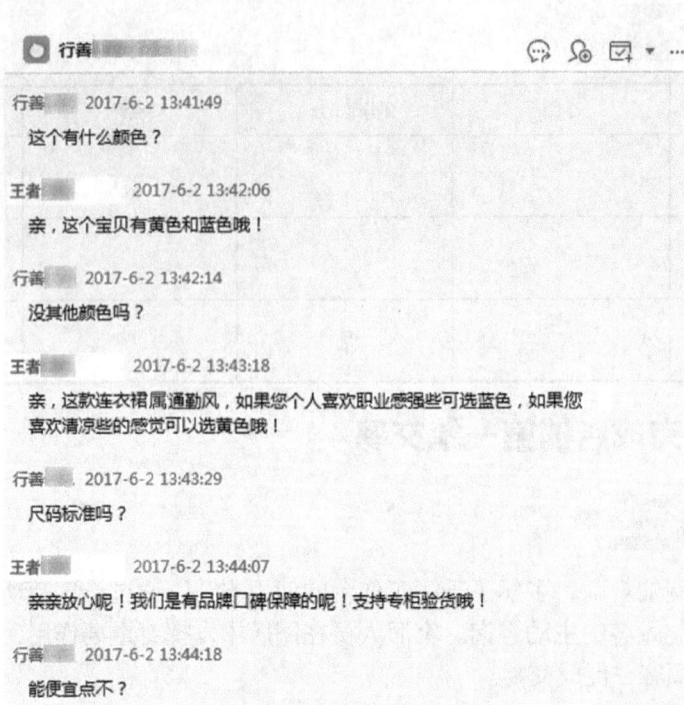

行善 2017-6-2 13:41:49
这个有什么颜色？

王者 2017-6-2 13:42:06
亲，这个宝贝有黄色和蓝色哦！

行善 2017-6-2 13:42:14
没其他颜色吗？

王者 2017-6-2 13:43:18
亲，这款连衣裙属通勤风，如果您个人喜欢职业感强些可选蓝色，如果您喜欢清凉些的感觉可以选黄色哦！

行善 2017-6-2 13:43:29
尺码标准吗？

王者 2017-6-2 13:44:07
亲亲放心呢！我们是有品牌口碑保障的呢！支持专柜验货哦！

行善 2017-6-2 13:44:18
能便宜点不？

图1-51　解答顾客疑问

知识链接 》》 新手卖家防骗指南

1）关注买家的注册时间。骗子大多是新号，或是注册了很久却只有几笔交易，或者是有信誉但是却是同一个或者是同几个卖家给的，且买的都是价钱很便宜的物品。

2）警惕虚拟宝贝买家。骗子一般都是下单数量很大，催得很急，新手卖家一看大订单，肯定欣喜，便手忙脚乱地给买家发货，往往掉入骗子的陷阱。

3）查看自己店铺后台"已卖出的宝贝"订单付款状态。小心拍完后立即催发货的买家，注意查看对方是否只是拍下了宝贝，实际上并未付款，只是给卖家截了一个已经付款的假图。此时，卖家需要查看自己店铺的后台，查看买家是否已付款，而不要轻信盲目去发货。

4）警惕声称系统问题无法付款的买家。有的买家会向卖家哭诉说系统有问题，要发货后才能显示付款，其实这种情况根本不可能发生，一定要等货款到后再发货。

5）要认真辨别链接，不要随意打开奇怪的链接。

6）心态平和、保持镇静。新手卖家正在交易的时候，可能有好几个买家同时咨询会同时向你提问，甚至反复使用闪屏，这往往是陷阱。

第三步：顾客下单后，核对收货信息。

小王从自身经历中总结出：顾客下单后，应注意与顾客核对收货信息，如图1-52所示。否则顾客可能会因疏忽提供错误的收货人与地址等信息，给网店带来不必要的麻烦。

主管特批，也只能优惠10元，我们真的是权力有限呢！

行善　2017-6-2 13:48:03

哎　　　总比没有强

那我下单了

王者　　　2017-6-2 13:48:25

嗯嗯，亲拍下，我来修改价格哦！

王者　　　2017-6-2 14:00:23

物流信息

收货地址：张*，86-1*****98763，湖北省 武汉市 东西湖区

亲，麻烦核对一下收货信息哦！

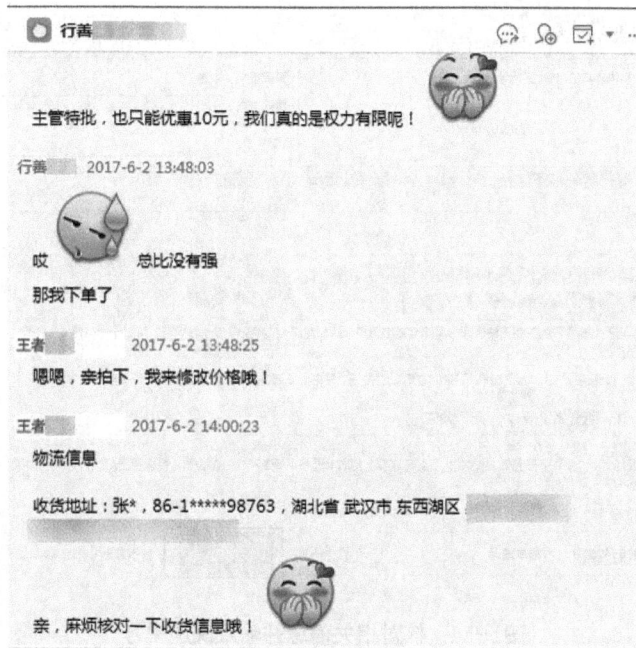

图1-52　核对收货信息

想一想

同学们，想想为什么要核对收货信息，可能存在哪些意外情况。

第四步：进入后台，确认发货。

1）顾客确认收货信息后，小王兴奋地进入发货阶段，在"卖家中心"——"已卖出的宝贝"中寻找该订单，如图1-53所示，订单状态显示为"买家已付款"，于是单击"发货"按钮。

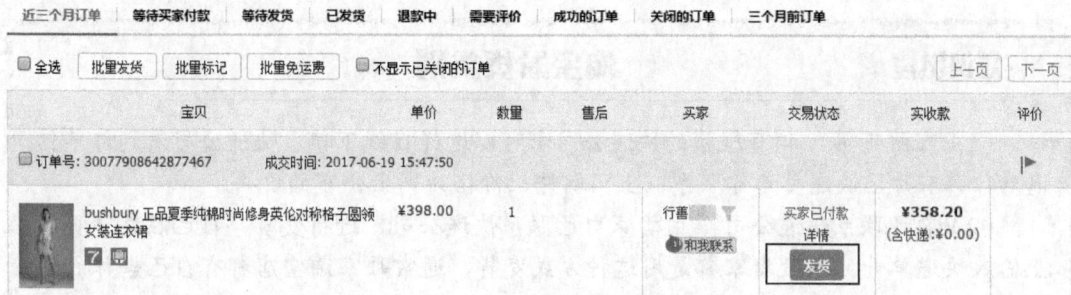

近三个月订单	等待买家付款	等待发货	已发货	退款中	需要评价	成功的订单	关闭的订单	三个月前订单

全选　批量发货　批量标记　批量免运费　不显示已关闭的订单　　　　　　　　　上一页　下一页

宝贝	单价	数量	售后	买家	交易状态	实收款	评价
订单号：30077908642877467　成交时间：2017-06-19 15:47:50							▶
bushbury 正品夏季纯棉时尚修身英伦对称格子圆领女装连衣裙	¥398.00	1		行善　和我联系	买家已付款 详情 发货	¥358.20 (含快递：¥0.00)	

图1-53　查看待发货订单

2）进入物流信息核对及填写页面，确认发货及退货信息正确，根据网店实际情况，选择物流服务类别，此处小王选择"自己联系物流"，输入快递单号，并单击"发货"按钮，如图1-54所示。

3）回到"卖家中心"——"已卖出的宝贝"中查看，该订单状态已变为"卖家已发货"，如图1-55所示。

第一步 确认收货信息及交易详情

| 订单编号：30077908642877467 创建时间：2017-06-19 15:57 |

bushbury 正品夏季纯棉时尚修身英伦对称格子圆领女装
连衣裙

398.00 × 1

买家选择：快递
我的备忘：您可以在此输入备忘信息（仅卖家自己可见）。

买家收货信息：湖北省武汉市 ▨▨▨▨▨▨▨▨▨▨▨ 修改收货信息

第二步 确认发货/退货信息

我的发货信息：湖北省武汉市 ▨▨▨▨▨▨▨▨▨ 修改我的发货信息
我的退货信息：湖北省武汉市 ▨▨▨▨▨▨▨▨▨ 修改我的退货信息

💡 请正确填写退货地址，若因地址填写不准确导致的货物无法退回等风险需要您承担，具体查看《淘宝争议处理规范》第二十七条第（一）款）

第三步 选择物流服务 什么是上门取件（您交易发生的地区支持以下物流方式）过去三个月中，派送过此收货地址的物流公司列表

在线下单　**自己联系物流**　无纸化发货　无需物流

📢 当前订单，您合作的快递中最优为中通快递（设置发货策略），若您选择上门取件还将享受2小时快速发货。什么是上门取件？

| 91654752 | 顺丰速运 | 发货 | 切换到老版本 |

图1-54　核对相关信息并输入快递单号

近三个月订单　**等待买家付款**　等待发货　已发货　退款中　需要评价　成功的订单　关闭的订单　三个月前订单

☐全选　批量发货　批量标记　批量免运费　☐不显示已关闭的订单　　上一页　下一页

宝贝	单价	数量	售后	买家	交易状态	实收款	评价

订单号：30077908642877467　成交时间：2017-06-19 15:47:50

| bushbury 正品夏季纯棉时尚修身英伦对称格子圆领女装连衣裙 | ¥398.00 | 1 | | 行營▨ 和我联系 | **卖家已发货** 详情 延长收货时间 | ¥358.20 (含快递:¥0.00) 查看物流 | |

图1-55　订单改为已发货状态

知识链接 》》　　淘宝发货类别

（1）在线下单　稍有规模的快递公司都可以选择在线下单，快递公司看到订单信息后，会有片区快递员与你联系，上门取件，价格为网上公布的价格。

（2）自己联系快递公司　由卖家自己联系快递公司，进行发货，自己在发货页面上输入快递单号。一般卖家都是用这种方式发货，通常每家淘宝店都有自己合作的快递公司，快递员会每天定时来取件，在时间及时，且发货量大的情况下，还能在价格上更优惠，所以一般卖家都选择自己联系快递公司，以实现成本的最低化。

（3）无纸化发货　可实时获取单号，无须手写面单，只须卖家在包裹上标注揽件码即可，是淘宝开发的最新发货方式，旨在推广环保理念。

（4）无须物流　近距离订单可通过同城见面交易。

第五步：交易评价管理。

小王将商品寄出后，便开始等待买家确认收货，买家确认收货后，买卖双方可以对

此次交易进行评价。小王可以在此对买家做出评价,这些评价可供买家查看,以此促进销售。小王决心利用评价平台做好店铺宣传,双方的评价可在"卖家中心"中的"评价管理"中查看到,如图1-56、图1-57所示。

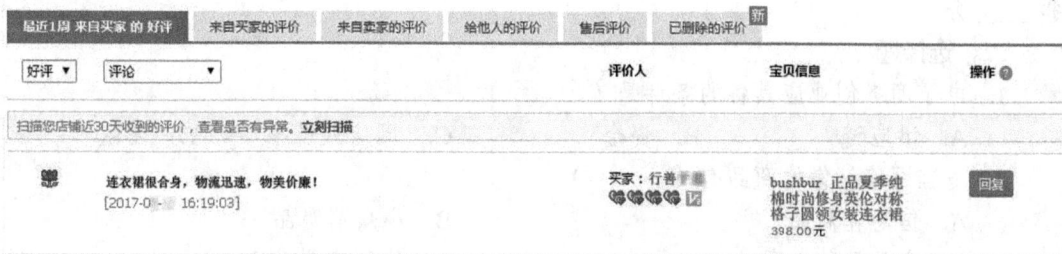

图1-56 查看买家给予店铺的评价

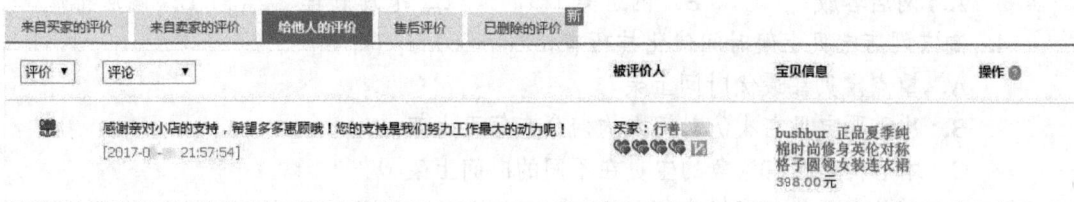

图1-57 查看店铺给买家的评价

活动评价

评价项目	小结	评分(5分)	点评	评分(5分)
1. 能正确解答顾客疑问				
2. 能及时与顾客核对收货信息				
3. 能查看双方评价				

项目总结

通过本项目的学习,学生能正确查找有价值的网络商务信息,结合实际条件,为自己选择合适的商品类别;根据淘宝网提示及本人相关真实身份信息,成功注册淘宝网账号并开设店铺;准确判断商品主类目及子类目,完善商品发布信息;能掌握管理网店的相关规则;灵活运用千牛工作台管理网店经营活动及学习提升网店销量的技巧;通过完成店铺第一笔交易,熟悉网店交易流程。本项目将培养学生筹备网店、开设网店及简单交易的相关实践能力,为网店后期运营奠定坚实基础。

项目练习

一、填空题

1. 淘宝产品定价策略主要有_____、_____、_____和_____。

2. 淘宝店铺类型有_____、_____和_____。

3. 千牛消息中心的信息分为两大类:_____和_____。

4. 淘宝发货方式有＿＿＿＿＿＿＿＿＿＿＿、＿＿＿＿＿＿＿＿＿＿＿、＿＿＿＿＿＿＿＿＿和＿＿＿＿＿＿＿＿。

5. 发布大量违规商品或信息的处理是＿＿＿＿＿＿＿＿＿＿＿、＿＿＿＿＿＿＿＿并扣＿＿＿＿分。

二、选择题

1. 电子商务创业应具备的条件是（　　　　）。

　　A. 供应链　　　　　　B. 资金　　　　　　C. 网店人员多　　　D. 团队

2. 适宜网络销售的商品有（　　　　）。

　　A. 信息化商品　　　　　　　　　　B. 小众消费品

　　C. 产品品种丰富　　　　　　　　　D. 体验感要求高

3. 一个健全的网店应由（　　　　）等部门组成。

　　A. 网店客服　　　　　B. 网店美工　　　　C. 仓库管理　　　D. 网店推广

4. 淘宝网店宝贝上架时间优化技巧有（　　　　）。

　　A. 重点宝贝在最优时间上架

　　B. 次重要宝贝在次优时间或均匀分布每天上架

　　C. 本店内互相有竞争的宝贝在不同的时间上架

　　D. 其他宝贝均匀安排上架

5. （　　　　）在淘宝网会被认定为虚假交易行为。

　　A. 自买自卖

　　B. 上传伪造交易凭证

　　C. 发货单号重复多次使用

　　D. 将一件商品以不同形式或在不同页面发布

三、实践题

1. 查找近三年B2B电子商务平台的市场占有率，分析排名前三位电子商务平台的优劣势。

2. 老刘掌柜最近准备在淘宝网上开一家化妆品网店，但老刘年纪较大，对网络和计算机运用不熟练，请你帮助他在淘宝上申请账号并开设网店。

实训一：申请淘宝账号。

实训二：进行实名认证。

实训三：开设网店。

项目二 网店美化

项目简介

本项目是通过店铺的整体美化，让更多的消费者在进入店铺后，被店铺的装修所吸引，从而关注店铺的商品，提高店铺销量。学生通过学习店招、首页布局、主图和细节图、详情页等的美化，打造店铺的特色文化和品牌形象，提高流量，促进成交。

项目目标

（1）能基本掌握店招的美化。
（2）能学会店铺首页布局的美化。
（3）能利用模板美化店铺。
（4）能基本掌握店铺主图、细节图的美化。
（5）能加强商品详情页的美化。
（6）培养审美情趣和审美能力。

任务一　美化网店首页

在"任务一"中，我们将学习店铺店招的美化方法，以及首页优化和巧妙布局的方法，掌握利用简单实惠的模板来美化店铺的技巧。通过活动一，学习店铺店招美化的方法技巧，让消费者对店铺产生深刻印象，树立店铺的品牌形象，从而有利于店铺的推广；通过活动二，掌握首页的优化和布局方法及其技巧，让店铺的整体形象统一美观；通过活动三学习如何巧用模板美化店铺，这对于卖家特别是新手卖家来说是一个既简单快捷又经济实惠的方法。

活动一　美化店铺店招

活动描述

网店竞争激烈，所以网店的装修风格及美观度成为吸引消费者的重要因素。网店店招，是网店给人的第一印象，好的店招不仅能吸引用户的眼球，带来订单，还能起到品牌宣传的作用。小王为了能更好地宣传店铺，吸引流量，决定把原有的店招进行美化。下面看看他是如何进行店招美化的。

活动实施

第一步：确定店招装修类型。

小王在网上学习店招的相关知识后，进一步认识到店招的重要性。他认为，店招就等于实体店面的门面牌，上面不仅有店铺的Logo，还有一些主营商品的展示图。目前，自己的店铺处于运营初期，所以在装修店招时，应添加本店有特色的主推商品来吸引买家的注意力，让买家觉得他的店铺与众不同，从而提高页面的浏览深度。所以，他准备将自己的店招打造成商品推广型。

知识链接 》》   **店招类型**

1. 品牌宣传型

这类店铺的特点是商品给力、店铺实力雄厚、有自己的品牌，或者正努力朝着这个方向发展。

设计此类型店招首先要考虑的内容是店铺名、店铺Logo、店铺Slogan（品牌口号），因为这是品牌宣传最基本的内容；其次是关注按钮、关注人数、收藏按钮、店铺资质，这些方面可以侧面反映店铺实力。此类店招中一般不会出现店铺活动、促销等打折讲价的信息，以免影响整体的品牌形象，如图2-1所示。

图2-1 品牌宣传型店招

2. 活动促销型

这类店铺的特点是店铺活动、流量集中增加。所以，美化店招首先要考虑的因素是时间、优惠券、促销商品等信息；其次是店铺名、店铺Logo、店铺Slogan等以品牌宣传为主的内容，如图2-2所示。

这种类型的店招，不管是氛围设计还是内容展现，都要让活动信息占据更大的篇幅，否则顾客对店铺的信息关注反而会降低。

图2-2 活动促销型店招

3. 商品推广型

这类店铺的特点是想要主推一款或几款商品，主推的商品就像杰出青年一样，表现突出、对店铺有贡献。在店招上，这类店铺要展现促销商品、优惠券等信息；其次是店铺名、店铺Logo、店铺Slogan等以品牌宣传为主的内容，如图2-3所示。

图2-3　商品推广型店招

想一想
　　小丽的童鞋店刚开张不久，想利用六一儿童节搞促销活动，你认为她的店招应突出哪些元素？

　　第二步：美化店招，完成制作。

　　为了让店招设计得更出彩，小王让美工团队将品牌Logo和店铺名放在醒目的位置，添加了展现自己店铺特点、风格、形象的广告语，提炼了两个视觉点，将主推的商品图片放在右边，同时添加收藏店铺的入口。经过反复修改，小王最终设计出一款比较满意的店招，如图2-4所示。

图2-4　店招最终效果图

知识链接 >> >>　　　　美化店招的要点

　　1）店招一定要凸显品牌的特性，让客户很容易就清楚你是卖什么的，包括风格、品牌文化等。

　　2）视觉重点不宜过多。视觉重点有一两个就够了，太多了会给店招造成视觉压力。至于视觉重点的确定要根据店铺现阶段的情况来分析，如果现阶段是做大促，可以着重突出促销信息。

　　3）整体风格要与店内商品风格统一。

　　4）颜色不要太繁杂，一定要保持整洁性。

　　5）如果店招里有季节的要素，就需要根据季节及时更换商品。比如女装店要注意随着季节变化及时调整店招，不要在上面放置过季服装图片。

议一议
　　小刘开设的是一间水果店，她在店招上添加了热销水果的图片，如图2-5所示。结合知识链接中美化店招的要点对其进行分析，谈谈你的看法。

图2-5　水果店店招

举一反三

现在是水蜜桃上市的季节，小刘想要主推水蜜桃，带动店铺其他水果的销量。请同学们好好想想，小刘该如何为水果店设计店招。

活动评价

评价项目	自我评价		教师评价	
	小结	评分（5分）	点评	评分（5分）
1. 理解店招的含义				
2. 理解店招的类型				
3. 掌握美化店招的要点				

活动二 美化首页布局

活动描述

网店不仅要在色调风格上有明确的定位，而且店铺布局也要符合买家需求。买家拥有良好的体验，才愿意停留更长的时间浏览商品、购买商品。首页是买家进入店铺后见到的首个页面，因此，小王决定美化网店首页布局，让首页拥有一个合理的功能布局及商品陈列，以更好地展示店铺形象，提高商品浏览量及销量。

活动实施

第一步：确定首页布局的目的。

作为卖家，在进行首页布局前，首先要确定自己想要达到的布局目的。比如，卖家是更希望让消费者关注新品、爆款还是促销商品。由于小王开店时正是夏装热销的时候，为了吸引更多的消费者，推动店铺销量的增长，他决定以爆款式布局为主，同时，以轮播图、热销区、爆款区等配合。

第二步：确定首页布局的类型。

1. 爆款式布局

网店的前三屏也叫"黄金30秒"。因为买家一般会在前三屏寻找想要的商品，因此前三屏是提高店铺整体转化率的最佳位置。大数据统计得出，一个网店前三屏的点击率是最高的，位置越靠后，点击率越低，那么卖家就要充分利用好前三屏将主打商品即爆款推销出去，如图2-6所示。

图2-6　爆款式布局

2. 主推新款式布局

当店铺推出新款的时候，卖家会对它有较高的期望，希望它在短期内就有好的业绩。新款的放置有多种方式，可以单独设置新品发布区，或者索性将新品穿插到热卖商品区，帮助其提升点击率和转化率。一旦新款的点击率、转化率达到一定高度，应立刻调整其为潜力爆款，对其进行二次包装，并参加淘宝直通车或者报名参与活动以提升流量，最终让其转变为爆款，如图2-7所示。

图2-7　主推新款的布局

3. 大促式布局

对于已经过季的、断码的、转化率降低的且库存不足的旧款可以设置清仓区，在首页设置对应入口，一般设置在页面下端。或者让这些商品参加季节性促销活动，当然也完全可以将其转变成礼品，以回馈老顾客或大单买家，赚个好口碑。大促时，每一排可陈列2～4款商品，且要以单品陈列为主，不要设置多级跳转，尽可能在一个页面展示完全，如图2-8所示。

¥168
仙裙子夏季2017新款女30岁仙气质雪纺漏肩仙女纱飘逸连衣裙chic风

¥178
夏季2017新款女潮学生韩版 文艺小清新气质条纹衬衫纱连衣裙长裙子

¥99
仙女纱夏季2017新款女裙子韩版学生小清新背带曹丝欧根纱连衣裙潮

¥99
2017夏季新款chic风港味复古迷肚子裙子女夏仙女纱曹丝连衣裙减龄

¥178

¥168

¥99

¥79

图2-8　大促式布局

4. 突出式布局

其一，在首页布局上要有两到三个大图，这样大小有别会形成主次之分；其二，图片的颜色要尽可能冷暖色调搭配放置，这样有助于色调统一和谐，同时做到错落有致；其三是商品的价格，将商品按中价、低价、高价的顺序排列分布，会让中等价位的商品成交量增加，同时能让对价格敏感的买家群体迅速找到自己需要的商品，如图2-9所示。

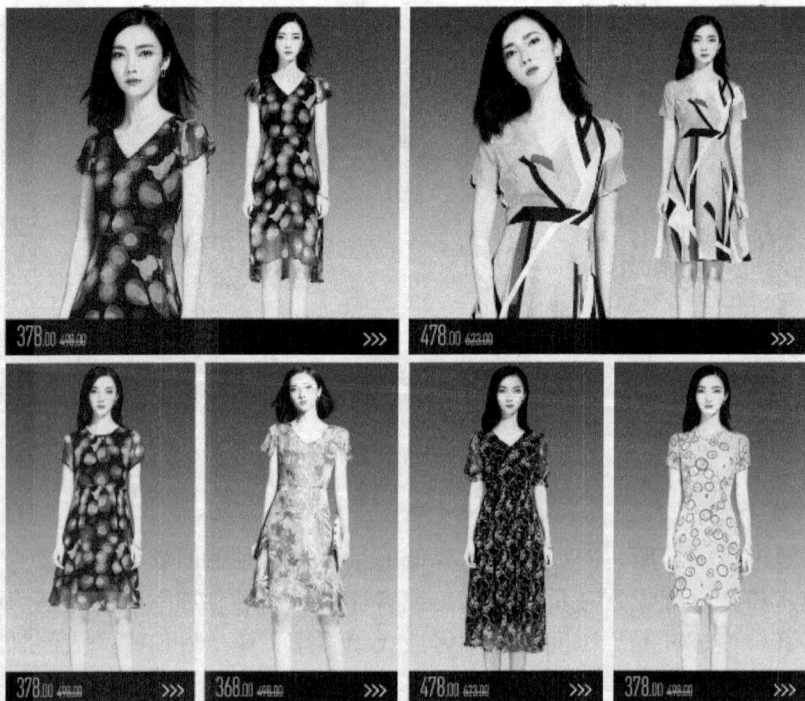

图2-9　突出式布局

小张的夏季凉鞋就要上市了，他想要主推新款，该选择什么样的布局呢？

第三步：设置活动轮播图。

活动轮播图也叫首页的第一屏。店铺首页不仅体现着消费定位，同时还承载着分流和导流的重要作用。活动轮播图一般放在第一屏最醒目的位置，小王为了更好地吸引消费者的关注，在轮播图中加入了爆款图片、活动内容、店铺标语等，如图2-10所示。

图2-10　活动轮播图

知识链接 >> >>　　　活动轮播图的设计

活动轮播图是店铺首页的重要组成部分，它的设计包含四大要点：

1. 主题

轮播图的设计一定要有主题，目的是让消费者知道轮播图要传达什么信息，是告知优惠活动还是宣传商品。只有选定了主题才能确定轮播图的文案和信息等。

2. 构图

轮播图的构图要主次分明、主题突出，要处理好背景、商品和文字之间的位置关系，使其整体和谐、突出主图。

3. 商品

商品是海报的主要构成部分，商品的摆放角度、清晰度、画面占比等都非常重要，关系着轮播图的整体观感。

4. 文案

文案指的是海报中出现的文本内容，目的是向消费者传递商品信息或促销信息，因此文案的字体选择和排版构图非常重要。

第四步：设置热销区、爆款区。

第一屏——活动轮播图下面就是第二屏、第三屏，也就是我们常说的热销区、爆款区。第二屏跟第三屏的宽度和高度最好与第一屏相统一，色调可以不一致，但要协调，这样才能显得有层次感，视觉效果好。小王为了向消费者推荐店铺爆款，还特意通过改变文字的大小、颜色、字体等方式突出卖点。同时，他还通过突出价格，激发顾客的购买欲，如图2-11、图2-12所示。

图2-11　热销区效果图

图2-12　爆款区效果图

| 想
一
想 | 结合自己的购买经验，你认为新顾客更看中商品的什么？（　　　）
A. 价格　　　　　　　　B. 销量　　　　　　　　C. 服务 |

小技巧 》》

　　新老顾客对店铺商品的关注点是有所不同的。新顾客通常比较关心商品的销量，所以在设置热销区、爆款区时，应突出呈现成交量；而老顾客则更关心折扣力度，所以应突出呈现优惠价格。

　　第五步：首页左侧模块设计。

　　首页的左侧模块设计在首页布局中的作用也不容忽视。可以通过设置分类导航和热词搜索来进行分流，比如：按商品品类、功用、消费力、使用场景等潜在消费需求来划分。小王为了让顾客可以快速找到自己的消费目标，特意按照顾客的消费诉求和搜索习惯来进行分类，如图2-13所示。

图2-13　首页左侧模块设计

知识链接 »» 首页优化注意事项

1．店铺风格要整体统一

首页要抓住消费者的眼球，必须有一个统一的风格，与品牌特点相符合，画面要和谐，各元素要协调。

2．有特色、主题突出

首页布局不能千篇一律，要想让消费者记住你的店铺，就必须有自己的特色和主题，与店铺文化、品牌形象、商品特点相符合。

3．商品类目要层次分明、清晰明了

商品类目即商品的归类要清晰明了，让买家易于搜索，从而对店铺产生信赖感。

举一反三

小丽的童鞋店想要推出夏季爆品，想利用六一儿童节改变首页布局，你认为她的店铺首页布局该如何设计，请写出步骤。

活动评价

评价项目	自我评价		教师评价	
	小结	评分（5分）	点评	评分（5分）
1．能理解首页布局的类型				
2．了解首页布局的构成				
3．掌握首页布局美化的步骤				

活动三 利用模板美化店铺

活动描述

对于网店卖家而言，利用模板美化店铺、设置网店的整体布局，把更好的店铺形象展现给消费者，既方便快捷又简单有效。开店之初，小王每次更新店铺都要花费大量的时间，后来他听说一钻以下的用户可以免费使用专业版淘宝旺铺，专业版淘宝旺铺功能比基础版淘宝旺铺强大，美化效果非常好，于是他带领团队进行大胆的尝试。

活动实施

第一步：升级店铺版本至淘宝旺铺专业版。

小王慢慢地知道，电商是以视觉营销为主导的，淘宝网店装修就是视觉营销的一部分，只有把淘宝网店装修得精致、美观、大气，才能显出自己的诚意和用心，才能体现出店铺的实力，从而博得买家的信任。现在一钻以下的用户可以免费使用专业版淘宝旺铺，如图2-14所示。事不宜迟，团队马上行动，将小王的店铺升级到淘宝旺铺专业版。

图2-14　升级至淘宝旺铺专业版

知识链接 »　»　　　　　　　　　**淘宝旺铺的种类**

1．基础版旺铺

基础版旺铺是一种免费的旺铺。功能类似于很早以前的扶植版旺铺，只有两栏结构而没有通栏布局。

2．专业版旺铺

专业版旺铺是一种收费的旺铺，店铺需要交纳50元/月的使用费。而新开的店信誉在一钻以下（不包括一钻）的店铺可以免费使用专业版旺铺。这是淘宝新推出的一款旺铺版本，以前分为扶植版、标准版和拓展版，淘宝推出了专业版旺铺以后便淘汰了以前的版本。

3．智能版旺铺

智能版旺铺是一种收费的旺铺，99元/月。它在PC专业版的基础上，提供了更丰富的无线装修功能和营销玩法，提升了店铺的装修效率和数据化运营能力。

第二步：选择淘宝旺铺专业版的模板。

淘宝旺铺专业版系统提供的三款免费的官方模板，小王的团队都尝试运用了一遍，发现前面两款的装修风格，与自己的女装不匹配，看起来相当不协调，最后一款的设计风格，比较适合自己的女装店铺，如图2-15所示。

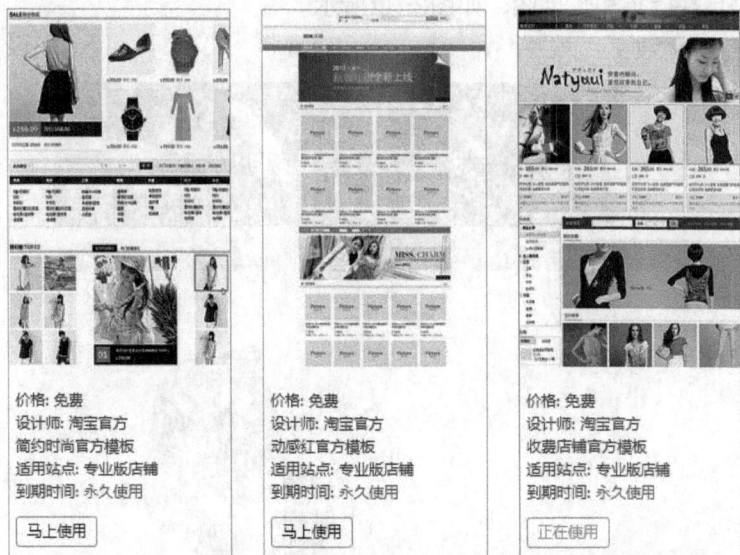

图2-15　淘宝旺铺专业版模板

模板分为淘宝专业版模板和基础版模板，专业版模板要对应用在淘宝专业版旺铺中，基础版模板要对应用在基础版的旺铺当中。旺铺版本和模板是两个不同的概念，基础版模板是永久免费的模板，但是专业版旺铺的模板除了系统自带的三个模板外，其他是第三方付费模板。在选择模板时，应强调和店铺中的商品配搭并符合产品特点，以更好地呈现商品，而非单纯地让装修模板抢眼球，否则就本末倒置了。

第三步：编辑模板，进一步美化店铺。

1）小王将系统的模板运用到自己的店铺中后，首先是进行布局管理，对各基础模块进行位置的调整和优化，删除多余的功能模块，如图2-16所示。

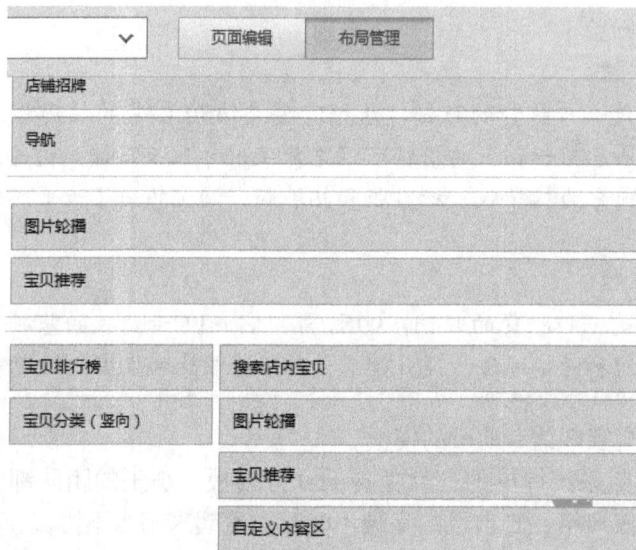

图2-16　布局管理

2）其次是更换店招和轮播图，如图2-17所示。

图2-17　更换店招和轮播图

3）最后，将网店促销商品调整到相应的栏目，使店招、轮播图、店铺商品与模板完美地融合，从而达到最佳的视觉营销效果，如图2-18所示。

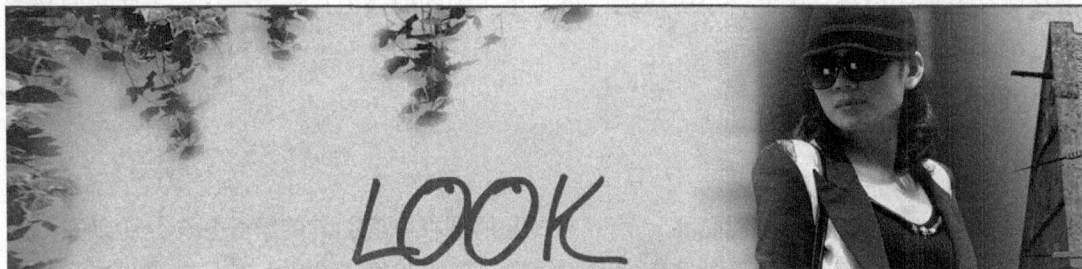

图2-18　店招和轮播图效果图

小王团队选择使用官方设计师们的装修模板，体会到了模板给他们带来的好处，不用花很多精力和时间，一键安装，装修效果明显，视觉效果很好。

举一反三

小丽的童鞋店想要利用模板做双十一店铺的整体装修，你认为她该怎么做，请写出步骤。

活动评价

评价项目	自我评价		教师评价	
	小结	评分（5分）	点评	评分（5分）
1. 能理解模板的作用				
2. 了解模板的选择要点				
3. 掌握模板装修的步骤				

任务二　美化商品

在这一任务中，我们将学习商品主图和细节图的美化及商品详情页的布局。通过活动一，学生应掌握制作商品主图和细节图的要领；通过活动二，学生应学会合理地美化、布局详情页，让商品描述页面更漂亮、更规范，吸引买家购买，同时给买家带来很好的购物体验。

活动一 ▶ 美化图片

活动描述

经过一段时间的网店运营，小王慢慢地意识到设计出一张具有视觉冲击力和个性的商品图片，不但能让自己的商品在众多竞争者中脱颖而出，而且能够提升自己店铺的商品被潜在顾客发现的概率。因此，小王决定，将自己店铺的商品图片进行优化，下面我们来看看，小王的团队是如何操作的。

活动实施

第一步：商品主图的优化。

（1）商品主图要充分展现商品　商品主图是展现在顾客面前的第一张图，所以主图优化的作用就是吸引顾客眼球，激发顾客点击欲望，最终获得流量。主图一定要清晰，最好是有放大镜的效果，可以让顾客清晰地看到商品的每个细节，尽量从商品的质地、店铺的促销、商品价格等各个角度展示商品，只有这样才能吸引顾客继续往下看。比如：添加一些刺激顾客购买欲望的字眼，如"超低价""包邮""惊爆价"等，如果你家的主图跟其他店铺的一样，顾客很可能会选择销量与信誉相对较高的商家。

（2）在主图设计时要避免"牛皮癣"　"牛皮癣"是指图片上的文字直接覆盖到模特或商品实物图片上，如图2-19所示。文字最好放到纯色背景上，永远不要让文字出现在不同颜色的背景上。

图2-19　文字"牛皮癣"

（3）主图要设置合理的营销文案　营销文案包括文字和数字，女性对数字是比较敏感的，比如打几折，但也要根据商品的定位来考虑，避免文字或数字过多而喧宾夺主。如图2-20所示，就是一个比较漂亮的主图。

（4）主图的配色要协调　一个好的主图在配色上不能超过三种，这其中包括文字的配色。在给主图配色时要避免背景五颜六色，无法衬托主体，给买家造成视觉疲劳，显得凌乱、无主次。

图2-20　商品主图

知识链接 >> >>　商品主图的几点要求

1）清晰、色彩与实物相符、细节表现到位、卖点突出、精益求精。

2）图片展现要素直达顾客内心，能激发顾客的购买欲望，引导顾客拉动页面继续了解商品详情。

第二步：商品细节图的优化。

通过主图，顾客可以对商品有一个大概的了解。当顾客有购买意向的时候，商品细节图就要开始起作用了。细节图是让客户更全面了解商品的主要手段。顾客熟悉商品对最后的成交起着关键性作用。小王为了把商品细节尽可能地展示出来，对商品设计细节、材质等方面进行了描述，如图2-21所示。

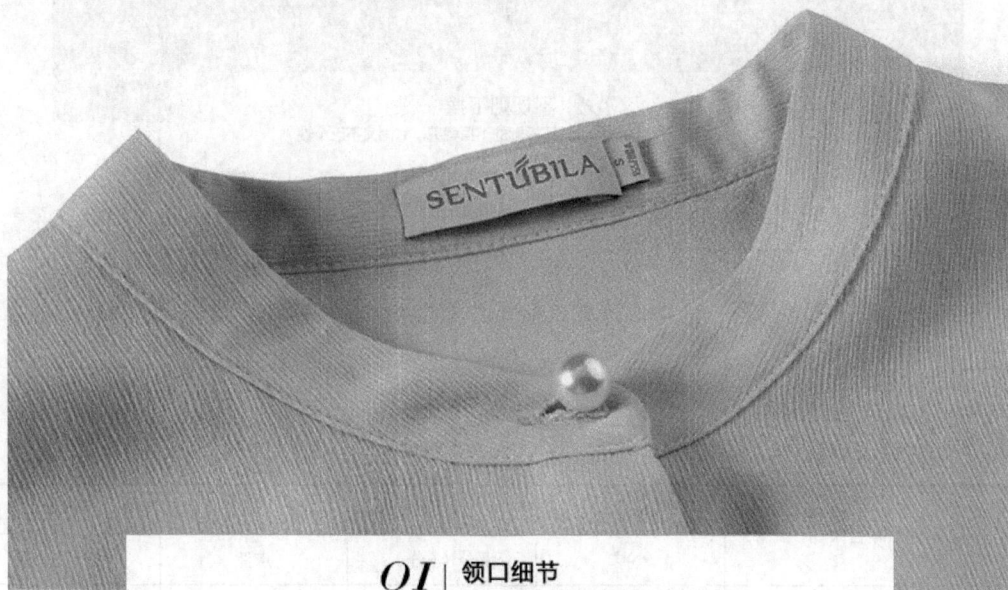

01 SHOW 领口细节
别致优雅，展示出迷人锁骨魅力

02 肩部细节
SHOW 合体肩部，彰显时尚气质

03 袖口细节
SHOW 袖口珍珠扣子，温婉优雅

04 不规则下摆
SHOW 不规则的下摆裁剪，时尚又不乏个性

图2-21 商品细节图

议一议

同学们，请思考讨论一张合格的商品细节图应包括哪些内容。

活动评价

评价项目	自我评价		教师评价	
	小结	评分（5分）	点评	评分（5分）
1. 掌握商品主图的优化技巧				
2. 掌握商品细节图的优化技巧				

活动二　美化详情页

活动描述

一个好的详情页胜过一位优秀的销售专员，通过商品详情页，买家可以更加直观、详细地了解商品。对于卖家来说，一个好的详情页既可详细说明商品的用途及功能，又可减少售前客服的咨询工作量，提高效率。所以，做好商品详情页的美化非常重要，商品详情页是影响转化率的最重要因素，淘宝推广、淘宝标题都是"引路人"，而商品详情页才是决定能否成交的关键因素。下面我们来看看小王是如何美化详情页的。

活动实施

在制作商品详情页的时候，许多卖家走向两个极端：要么堆砌图片，将商品详情页弄得很长，用户看到的都是重复信息；要么就是只有很少的图片和文字信息，买家无法看清楚商品的细节。因此，商品详情页并非越长越好，也不是越短越好。

商品详情页基本承担着描述商品→展示商品→说服顾客→产生购买行为这么一整套的营销思路。卖家要根据商品的特点来安排商品详情页的布局模式，但是整体架构要统一协调。为了让商品更吸引人，小王的团队花大力气设计了商品详情页，具体步骤如下。

第一步：优化商品副标题。

商品副标题的作用主要是辅助主标题，用更完善的文字来对商品的性价比或当前的促销力度进行描述。副标题中要将商品的卖点放大，材质、价格、发货速度等都可以结合商品的情况来调整。小王为了刺激买家积极下单付款，以"时尚百搭　不规则下摆　轻柔舒适　珍珠扣"作为副标题，如图2-22所示。

图2-22　优化商品副标题

知识链接 》 》 **详情页模块**

消费者查看商品详情页，一般会留意产品价格、规格、产品实拍图、模特图、细节、使用方法、质量认证、售后保障等信息。

1．详情页模块

商品展示类——款式、色彩、搭配、细节、卖点、包装。

吸引购买类——卖点强化、情感打动、热销盛况、买家好评。

品牌形象类——荣誉、资质、生产实力、销量。

促销信息类——热卖推荐、关联销售、促销活动、优惠套餐。

购物指导类——购买、付款、收货、验货、退换货、保修。

2．详情页的常规逻辑结构分析

店铺活动信息——刺激消费、流量引导、提高转化率。

产品整体展示图——吸引顾客、强化卖点、情感共鸣。

产品介绍文字——清晰完整的商品介绍，促成交易。

产品细节图——多角度展示、场景展示、细节和包装展示。

品牌介绍——品牌故事、荣誉资质、生产实力，加强信任。

购物须知——交易条款、常见问题、售后相关、联系方式。

第二步：优化商品属性。

从属性栏开始，买家便打开了了解产品细节的第一道门。属性的完整性和真实性是卖家要做好的功课。产品属性完整，不仅能让买家更细致地了解商品，也可以减少客服答疑时间。在真实性方面，卖家不能以无充有、以次充好，真实不虚夸的描述才能让买家在阅读详情页的过程中，逐渐产生信任感。因此，用贴切的文字来描述商品属性，并搭配图片，来突显商品质量的优越性很重要。同时，还可加入商品的视频描述，对产品的性能和使用等情况来进行具体的说明。

有时图片是不能反映商品的真实情况的。因为图片在拍摄的时候是没有参照物的。经常有买家买了商品以后要求退货，原因就是与预期相差太大，而预期就是图片给的。所以，小王加入商品规格参数的模块，以便让用户对商品有更为正确的预估，如图2-23所示。

第三步：优化商品功能。

功能展示模块的主要作用是对商品各个功能做详细的解析。因为图片是无法动态地展示商品使用情况的，所以需要对商品的功能做更详细的说明。时下最流行的说明方式是看图说话，进一步展示细节，同时对细节进行补充说明。这样能大大提高用户对商品的认知。因此，小王让美工对商品的每个细节都用美观的图片和文字进行展示，如图2-24所示。

第四步：明确售后服务。

（1）物流和包装 为了让买家更加满意，小王加上了包装材料的配图，给买家一个简单的画面，让买家对包装更放心。关于物流，小王对合作的快递、发货时间、运送区域及到达时间等分条做好说明。

（2）售后服务 买家在购买商品时，一般除了对商品质量和细节有疑虑外，还会关心卖家的售后服务，即购买商品后货品出问题后，是否能够得到解决，通过什么方式来解决。为了解决这个问题，小王在详情页中把售后服务的信息尽量说清楚，如图2-25所示。

产品信息
INFORMATION

- 品 牌 / 尚都比拉
- 货 号 / 163C511652
- 名 称 / 雪纺衫
- 商品颜色 / 浅蓝色 红色 黑色
- 产品成分 / 面料：100%聚酯纤维
- 产品说明 / 领口袖口珍珠扣,前片不规则底摆

- 吊 牌 价 / 589RMB
- 配件信息 / 无配件
- 商品尺码 / S M L XL XXL

弹力指数	弹力	微弹	适中	无弹
厚度指数	较薄	偏薄	适中	稍厚
透光指数	透明	微透	适中	不透
版型指数	宽松	合身	修身	紧身
长度指数	长款	中长	常规	短款

- 优质面料/

- 洗涤说明

手洗	不可漂白	在阴凉处悬挂晾干	低温熨烫	不可干洗

- 洗涤方式

1.请不要长时间浸泡
2.清洗后请调整衣型进行晾晒
3.请避免阳光直晒,以免衣服出现变色
4.深色衣服为避免掉色,可加入盐水进行固色。

单位:厘米/cm

尺码	国际尺码	肩宽	胸围	腰围	下摆围	袖口	袖肥	袖长	衣长	后中长
S	155/80A	36.5	90	89	96	20	31.5	56	60	58
M	160/84A	37.5	94	93	100	21	32.6	57	61	59
L	165/88A	38.5	98	97	104	22	33.7	58	62	60
XL	170/92A	39.5	102	101	108	23	34.8	59	63	61
XXL	175/96A	40.5	106	105	112	24	35.9	59.5	64	62

◆ 尺码选购: 平铺测量尺寸, 由于每个人测量的手势方法不同, 允许存在1-2CM误差, 敬请谅解。

图2-23 商品规格参数

产品亮点
SELLING POINT

01 **简洁领口**
裁剪大方,锁骨微露散发小性感

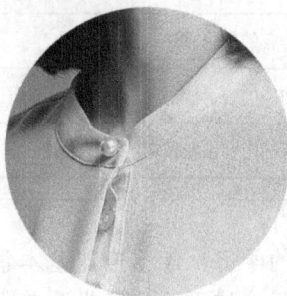

图2-24 商品细节功能展示

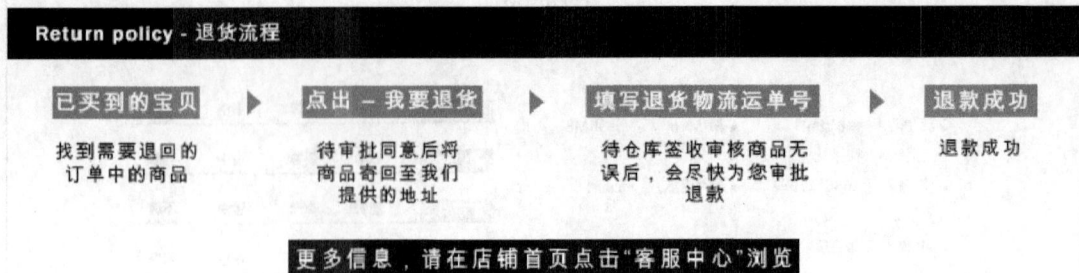

Return policy - 退货流程

已买到的宝贝	▶	点出 – 我要退货	▶	填写退货物流运单号	▶	退款成功
找到需要退回的 订单中的商品		待审批同意后将 商品寄回至我们 提供的地址		待仓库签收审核商品无 误后，会尽快为您审批 退款		退款成功

更多信息，请在店铺首页点击"客服中心"浏览

图2-25　售后服务

知识加油站 》》》　　**美化商品详情页的注意事项**

1）对不同类型的买家要进行详细的分析，从而满足不同买家对详情页的不同需求。

2）要认真对待详情页的图片，做到清晰、真实、美观。

3）运用FABE营销法则。F代表特征（Features）、A代表优点（Advantages）、B代表利益（Benefits）、E代表证据（Evidence），FABE营销法则要求大家在做详情页美化的时候要把商品的特质、优点，这些优点能带给顾客的利益，以及技术报告、顾客来信、报刊文章、照片、示范等，通过现场演示、相关证明文件、品牌效应等一一展现给顾客。

议一议

同学们，美化商品详情页主要有哪几个方面的内容，它们的顺序能否打乱？还能添加其他方面的信息吗？

活动评价

评价项目	自我评价		教师评价	
	小结	评分（5分）	点评	评分（5分）
1. 掌握详情页标题的优化技巧				
2. 了解详情页属性内容的优化方法				
3. 掌握详情页商品功能的展示技巧				
4. 掌握商品售后服务的内容设置技巧				

项目总结

通过本项目的学习，学生应能基本掌握店招、首页布局的美化，同时，能利用模板简单、快捷地进行店铺页面的编辑及美化。商品图片美化是网店经营效益的重要影响因素。因此，本项目也重点讲述了商品主图、细节图的编辑美化，让学生能从整体上把握店铺的装修及美化。

一、填空题

1. 店招一定要凸显品牌的特性，让客户很容易就清楚你是卖什么的，包括_____、
_____文化等。

2. _____是买家进入店铺后见到的第一个页面，对其进行美化可提高商品浏览
量及销量。

3. 首页的左侧模块设计可以通过设置_____和热词搜索来进行分流。

4. 一个好的主图在配色上不能超过_____种颜色，这其中包括_____的配色。

5. 属性的_____和_____是卖家要做好的功课。产品属性完整，不仅能让买
家更细致地了解商品，也可以减少客服的答疑时间。

二、选择题

1. 店招类型有哪些？（　　　　）
   A. 品牌宣传型 　　　　　　　　　B. 活动促销型
   C. 爆款型 　　　　　　　　　　　D. 商品推广型

2. 首页布局的类型有哪些？（　　　　）
   A. 爆款式布局 　　　　　　　　　B. 主推新款式布局
   C. 大促式布局 　　　　　　　　　D. 突出式布局

3. 活动轮播图的四大设计要点，包括（　　　　）。
   A. 主题 　　　　B. 构图 　　　　C. 商品 　　　　D. 文案

4. 下面哪个选项不属于商品主图的细节？（　　　　）
   A. 商品的质地 　　B. 店铺的促销 　　C. 商品的价格 　　D. "牛皮癣"

5. （　　　　）是影响转化率的最重要因素。
   A. 主图 　　　　B. 商品详情页 　　C. 标题 　　　　D. 推广

三、实践题

1. 小红新开了一间童装店，为了能更好地宣传店铺，吸引流量，她决定对店招进
行装修，请问她该如何设计店招呢？

2. 六一儿童节快到了，小红想把一款5～8岁女童连衣裙打造成爆款，请问该如何
设计此款连衣裙的商品详情页呢？

项目三 网店推广与营销

项目简介

推广与营销是店铺运营的重要一环，卖家掌握有效的推广与营销方法，可让更多的消费者进入店铺，关注店铺的商品，从而提高店铺销售额。学生通过学习店内、站内和外部推广与营销，要能正确运用店内常规促销方法，掌握站内站外常用的推广工具及常见营销方式，对店铺进行广告宣传，树立店铺的品牌形象，增加网店流量，促进商品的成交转化，提高自己的推广与营销能力。

项目目标

（1）能运用聊天工具、评价留言等功能做店内的推广与营销。
（2）会正确选择常规促销活动做营销。
（3）熟练操作直通车、淘金币做站内的推广与营销。
（4）能利用百度知道做推广。
（5）能利用人脉和淘宝客做外部推广。
（6）拥有网店推广与营销的基本思路。

任务一 店内推广与营销

在这一任务中，我们将学习店内推广与营销的常用方法，使同学们掌握顾客进店后该利用哪些有效的促销宣传手段促使交易成功。通过活动一，学习利用阿里旺旺进行店铺的宣传推广；通过活动二，学习巧用评价留言开展口碑营销。

活动一 巧用聊天工具的宣传作用

活动描述

经过一系列的美化后，小王的网上服装店已经颇有大店风范了。接下来他要做的就是为自己的店铺做宣传推广，让更多的人知道他的店。同行告诉他首先要充分利用好免费的推广工具——阿里旺旺。下面我们来看看他是如何利用阿里旺旺（卖家旺旺现在又叫千牛）为自己的店铺做宣传推广的。

活动实施

第一步：利用旺旺头像宣传店铺。

旺旺的头像是一张免费的名片。为了能更好地宣传店铺，卖家在设计旺旺头像时要选择有较高识别度的图片，如可以直接将店铺内的商品照片或品牌标志作为旺旺头像，同时可以将图片做成动态的。

小王参考了网上一些知名女装店铺，如茵曼、秋水伊人的旺旺头像，决定将自己的店铺名"王者衣橱"加上商品图片做成动态图作为旺旺头像，如图3-1所示。

图3-1　旺旺头像

试一试

请同学们思考，图3-2中的旺旺头像，哪些能起到店铺宣传的作用？

图3-2　旺旺头像

第二步：使用旺旺个性签名推广店铺。

阿里旺旺有一个签名功能，在与顾客沟通的时候，这个签名会出现在顾客的聊天界面的顶端位置，顾客第一时间就可以看到，而且签名可以多条轮播，如图3-3所示。

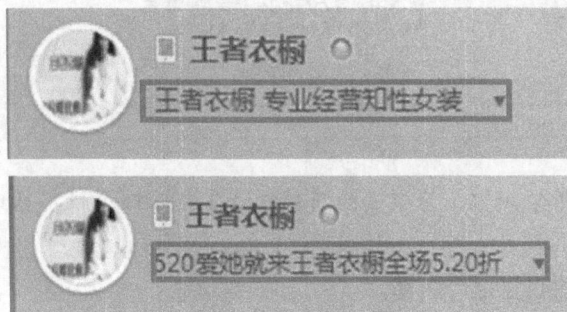

图3-3　旺旺个性签名

小王将店铺的简介、近期开展的促销信息等内容编辑为旺旺的个性签名进行轮播。

旺旺签名轮播设置方式如下：进入系统设置界面，如图3-4所示，单击"个性设置"下的"个性签名"，在次页面单击"新增"增加个性签名，然后选择"轮播个性签名"设置好轮播的间隔时间即可。

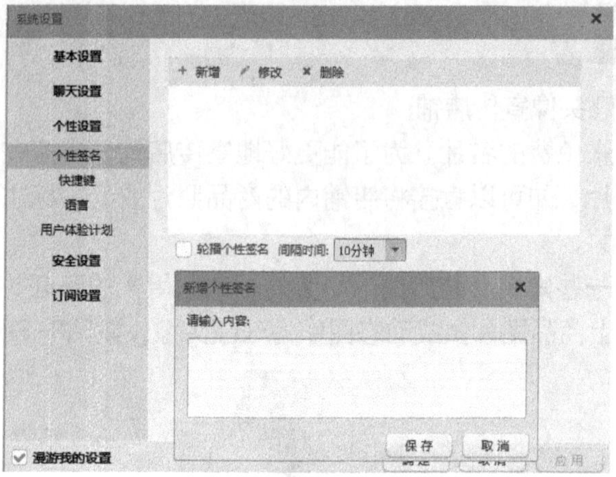
系统设置
基本设置
聊天设置
个性设置
个性签名
快捷键
语言
用户体验计划
安全设置
订阅设置
+ 新增
修改
× 删除
轮播个性签名
间隔时间: 10分钟
新增个性签名
请输入内容:
保存
取消
漫游我的设置
应用

图3-4　个性签名设置界面

知识加油站 》》　个性签名的类型

个性签名的内容可以设置为以下几种类型：

1）核心产品类公司信息，如图3-5所示。

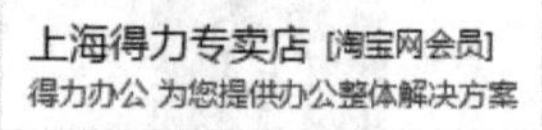
上海得力专卖店 [淘宝网会员]
得力办公 为您提供办公整体解决方案

图3-5　个性签名（1）

2）公司宗旨类广告语，如图3-6所示。

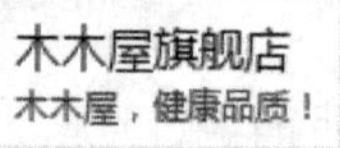
木木屋旗舰店
木木屋，健康品质！

图3-6　个性签名（2）

3）店铺促销类信息，如图3-7所示。

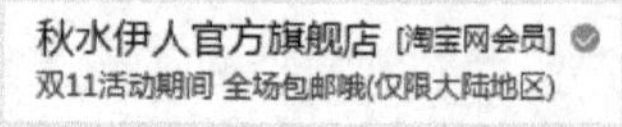
秋水伊人官方旗舰店 [淘宝网会员]
双11活动期间 全场包邮哦(仅限大陆地区)

图3-7　个性签名（3）

试一试

请同学们结合所学知识，为小王的店铺设计三条旺旺个性签名助力店铺的宣传。

第三步：设置自动回复推广店铺。

小王在担任客服的同时还要做其他工作，因此有时不能及时回复客户的咨询。此时可以利用旺旺的自动回复功能，说明一下店铺掌柜不在的原因和回来的时间，这样既表示出了掌柜对买家的尊重和礼貌又留住了客户。在自动回复中，小王还委婉地推广了一下店铺的商品。小王设置的自动回复如下："欢迎光临王者衣橱，掌柜发货中，大约2点回来，有事请留言，掌柜会在第一时间给您回复。本店有新款商品上架热卖促销中，折扣多多，满意多多。请先随便逛逛吧!"另外，自动回复要结合店内的促销活动时常更新，如小王结合店内的年度促销设置了旺旺自动回复，如图3-8所示。

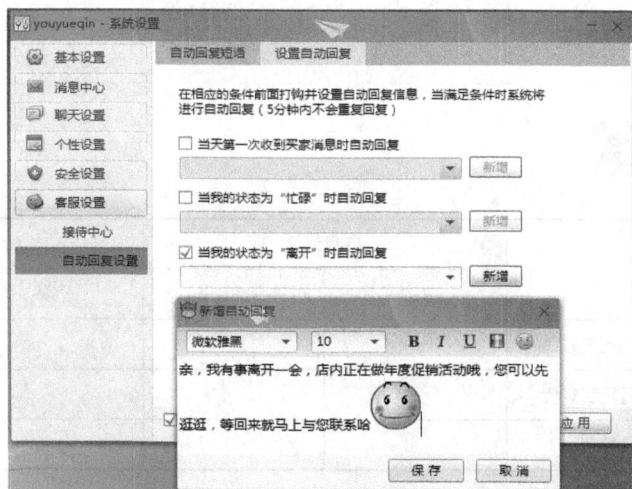

图3-8　自动回复推广

试
一
试

请同学们动动手，为小王的店铺设置双十一活动当天的自动回复。

第四步：建立和加入旺旺群推广店铺。

小王加入了好几个群，每天他都能收到一些群发的广告。受此启发，小王也想借助旺旺群开展店铺宣传推广。首先他新建了一个名为"时尚教主"的群，并设置好"群公告""群简介""群关键字"的内容；另外，他通过搜索加入了一些人气较旺的群，并将群昵称改为自己店铺的名称"王者衣橱"。接下来他认真地在群里发布信息和广告。建群方式如图所示：单击群图标后双击"立即双击启用群"的建群图标，就进入建群设置界面。

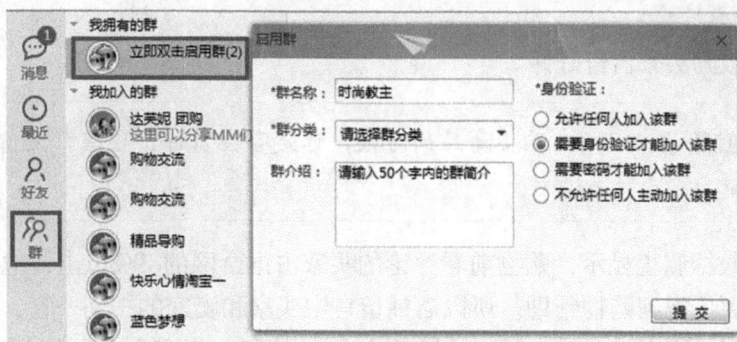

图3-9　建立旺旺群

小技巧 »　»

在旺旺群发布广告信息时可借鉴QQ群营销和软文营销的方法。

　　请同学们尝试组建旺旺群，并发一条店铺宣传广告。

活动评价

评价项目	自我评价		教师评价	
	小结	评分（5分）	点评	评分（5分）
1. 了解阿里旺旺推广的主要方法				
2. 能运用阿里旺旺进行网店宣传				
3. 掌握阿里旺旺推广的技巧				

活动二　巧用评价留言做推广

活动描述

　　前段时间，小王在网上买了一件商品，收到货后小王发现商品比预期的还要好，因此小王给了卖家一个好评，并留言说卖家的商品质量好、服务好。小王再次光顾的时候发现卖家将他的评价留言截图放在了商品的详情页。小王觉得卖家利用评价留言开展口碑营销，非常有说服力。所以，小王也学着利用买家的评价留言进行推广，接下来就一起来看看他是如何实施的。

活动实施

　　第一步：鼓励买家留言好评。

　　请同学们思考一下，在购买商品的时候，你是否会看评价留言，评价留言是否会影响你的决策。

　　淘宝网的数据调查显示，购物前看评论的买家占据全网的89%以上，他们希望通过其他已购买者的评价得到购物帮助。所以店铺留言中买家和卖家的一问一答，无形中会起到宣传店铺的作用，留言越多，表明店铺越受关注，如图3-10所示，所以在交易中可以采取一些优惠活动鼓励买家留言好评。

　　为了鼓励更多的买家对商品进行留言好评，小王发起了"好评有奖，晒图赢免单"的活动。小王将写明了活动规则的小卡片放在每一个包裹中，还在提醒顾客物流信息的短信中加入了活动内容，并在顾客确认收货后再次提醒用户参与好评活动。实践证明，此活动明显提升了买家晒图、留言、好评的热情。

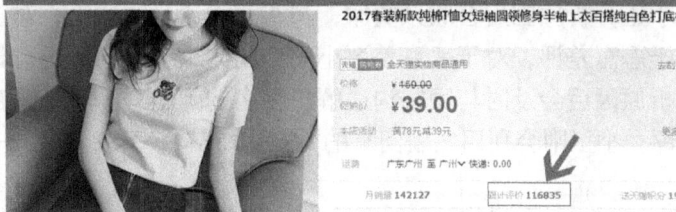

图3-10　好评推广事例

第二步：借买家好评留言开展口碑营销。

如果一款商品，可以配上诸多好评的图片，那么无形中便会增强商品的说服力，从而大大提高成交率。所以，可以将买家的好评留言截图放在商品的详情页，如图3-11所示。

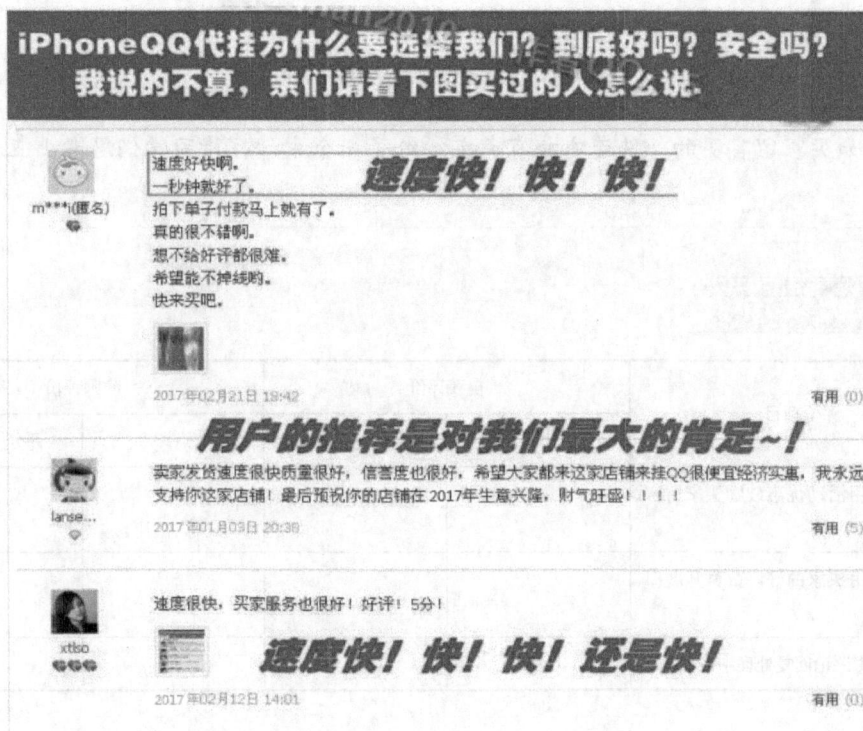

图3-11　好评口碑营销事例

于是小王将所有用户对宝贝的评论内容进行文本聚合，然后按照用户的提及次数将相关信息依次呈现，直接将店铺好的方面展现在消费者眼前。小王将"时尚""穿着舒服""修身""质量可靠""服务好"等评价以"买家印象"的方式呈现在评价详情中，开展口碑营销。

第三步：妥善处理中差评。

好评能够为商品带来好的口碑，而中差评不仅会影响到店铺的信誉积分，更重要的是会给商品带来负面的口碑，直接影响商品的成交转化率。所以，在利用评价留言进行店铺推广时，要妥善处理中差评。

小王进入卖家中心，单击"交易管理"栏下的"评价管理"查看店铺的评价情况，对于其中的中评，小王分析原因后会联系买家，与买家沟通修改评论；对于差评，小王会先分析评论是否属于恶意差评，对于恶意差评小王会向淘宝客服申诉进行删除，对于正常差评，小王认真分析原因后会及时与顾客沟通解决顾客的问题，争取请顾客修改评论。对于无法修改的中差评，小王则会利用发表回复的方式进行解释宣传，如图3-12所示。

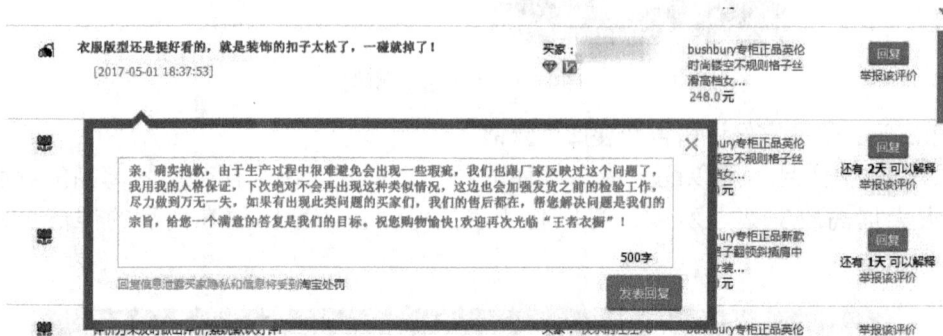

图3-12　发表回复进行解释宣传

试一试　假如买家留言买的一件连衣裙有色差，给了一个中评，请同学们思考小王该如何处理。

活动评价

评价项目	自我评价		教师评价	
	小结	评分（5分）	点评	评分（5分）
1. 能利用活动优惠鼓励买家留言好评				
2. 能利用买家的好评留言开展口碑营销				
3. 能利用评论回复处理中差评				

任务二　站内推广与营销

在这一任务中，我们将学习站内主要的推广与营销方法，使同学们进一步掌握店铺运营的技巧。通过活动一，学习站内各种常规促销活动方式，巧妙开展营销活动，达到推广店铺的目的；通过活动二，掌握直通车的推广方法及其技巧，达到精准推广；通过活动三，学习如何巧用淘金币营销，提高买家黏性及店铺的成交转化率。

活动一　巧用常规促销活动

活动描述

随着电子商务的不断发展，网购成了人们生活中不可缺少的一部分，越来越多商家进入电子商务行业，网店的竞争也越来越激烈。小王开的网店是服装店，店里还积压了一批服装，现在快换季了，要清仓，盘活资金。他听朋友说可以用促销的方法，快速减少库存，他决定试一试这个方法，下面看看他是如何开展促销活动的。

活动实施

第一步：做好促销活动前顾客和商品的数据分析。

小王的服装店开了一段时间了，他进入后台，在生意参谋里查看访客分析数据，如图3-13所示。

序号	客单价区间（元）	人数（个）	人数占比（%）	男	女
1	0-1.01	152	0.29%	37	115
2	1.01-8	472	0.90%	135	337
3	8-20	12,323	23.50%	2,957	9,366
4	20-40	4,754	9.07%	1,240	3,514
5	40-80	5,880	11.21%	1,699	4,181
6	80-180	13,860	26.43%	4,194	9,666
7	180-500	9,481	18.08%	2,779	6,702
8	500-1700	4,022	7.67%	1,147	2,875
9	1700以上	1,499	2.86%	428	1,071

图3-13　客单价数据分析

分析：小王发现进入自己店铺的人群中，男性大约占30%，女性大约占70%，所以做这个促销活动要有针对性地偏向女性消费群。同时，他对客单价进行了统计，80～180元这个价格区间占比最大，如果限定客单价在500元以上，购买人群就会大大缩小。

> **小技巧 》》**
>
> 通过对人群客单价的数据分析可以确定店铺促销活动的价位段。

结论：在做促销活动时，需要根据以往的销售数据确定一个合理的价位区间，以使促销达到预期效果。

生意参谋诞生于2011年，最早是应用在阿里巴巴B2B市场的数据工具。2013年10月，生意参谋正式走进淘系。2014至2015年，在原有规划基础上，生意参谋先后整合量子恒道、数据魔方，最终升级成为阿里巴巴商家端统一数据产品平台。

2016财年，生意参谋累计服务商家超2000万家，月服务商家超500万家；月成交额在30万元以上的商家中，逾90%在使用生意参谋；月成交额在100万元以上的商家中，逾90%每月登录生意参谋天次达20次以上。

生意参谋集数据作战室、市场行情、装修分析、来源分析、竞争情报等数据产品于一体，是商家统一数据产品平台，也是大数据时代下赋能商家的重要平台。

第二步：确定促销活动的目的和理由。

小王此次搞促销活动的目的很明确：清仓处理，盘活资金。同时，他考虑到下个月就是五月份了，决定以"五一国际劳动节回馈老顾客"的名义做促销。

议一议

请同学们讨论，在商品销售初期，促销目的是什么，应该用什么方式来促销。

知识链接 》》 不同阶段店铺促销的目的

促销是以创造一种实时销售为主要目的，对销售人员、分销商或最终消费者提供额外价值的一种营销活动。通过定义，可以看出：第一，促销有时效性，促销的目的是当下产生交易，并非未来某时；第二，促销要有销量，即商品交易的增量；第三，促销要有额外价值，它让消费者感受到额外的价值。

店铺运营要符合市场的生命周期，不同时期，工作任务不同，所以要在正确的时间做正确的事，不能盲目做促销，也不能让促销成为店铺运营的常态。

1. 商品销售初期

新品刚上市，店铺需要提升销量，将新品推向市场，提高市场的认可度，让消费者尝试购买新品。此时店铺的促销可以如下形式展开，如"新品发布，免费试穿""新品上市，全场包邮"，或者将成熟稳定的商品与新品搭配销售，以带动新品销售。

2. 商品销售中期

当商品采用当前店铺促销活动销售一段时间后会发现，商品不再像刚开始时那么好卖了，当商品出现销售瓶颈时，或达到一个相对稳定的阶段时，需要介入新的促销，以提高客单价为主要目标，提升整体销售额。

3. 商品销售后期

当商品进入销售后期，一般情况是想办法延长商品生命周期，可尝试做一些降价促销活动增加销量，另外在商品衰退期也可以将库存断码商品进行清仓处理，以保持总销售额的平稳。例如，可以采用"秒杀"形式，来聚焦人气，快速处理尾货，加快资金回笼。

想一想
请同学们根据小王的目标及理由分析小王的店铺促销属于哪一阶段，并结合线上或线下的一些促销案例，分享一些你印象深刻的促销语，分析这些促销语是针对哪一阶段的店铺促销的。

知识加油站 » » 　　　　**给促销找个理由**

在古代，每一次改朝换代，发动战争，都会有一个理由，这叫出师有名，正所谓"名不正，言不顺"。同样，促销也需要一个理由，即给促销活动找一个合适的"借口"，让它看起来很自然、理所当然，这样消费者接受起来会相对容易，如能口口相传，更有利于传播。找到一个合适的促销理由，就是给消费者购买商品找到一个理由。比如跟家人说"那家店正在搞周年店庆，商品肯定打折，我们去看看吧"。

那么如何才能找到最合适的理由呢？首先可以根据节日来选择促销的理由，如"迎国庆，送大礼，满一百送三十""五一感恩回馈，全场包邮"等；其次可围绕店铺本身来找理由，如"周年店庆""新品发布""换季清仓""老顾客感恩回馈"等。

第三步：选择合适的促销形式做店铺促销活动。

通过前面三个步骤，小王决定将此次促销活动的客单价锁定在100~180元之间，为了提高销量，让消费者多买一件衣服，让一部分利给消费者，他选择用"满××元，立减××元"的形式进行促销，口号为"五一大放价，感恩大回馈，全场满200元，立减30元"，如图3-14所示。小王希望通过此次促销活动减少库存，同时进一步带动店铺其他商品的销售，提高销售额。

图3-14　五一感恩大回馈促销活动

议一议
请尝试通过网络搜索，查找一些网店是如何巧妙运用促销形式做促销活动的。

知识链接 » » 　　　　**网上常规促销活动的形式**

（1）店铺优惠券　例如：领10元、30元、50元、100元店铺优惠券，限时使用。

（2）满××元，送××礼品　例如：满99元，送面巾纸一条。

（3）满××元，减××元　例如：满100元，立减10元。

（4）加××元，送××　例如：全场任意订单，加10元送T恤。

（5）买××就送××　例如：买裤子，送T恤。

（6）全场××折　例如：全场五折优惠。

（7）抽奖　例如：下单并付款后可抽奖一次，你有机会赢华为P10手机一部。

（8）原价××元，现价××元，还送××　例如：原价299元风衣，现价199元，还送价值68元的围巾一条。

（9）秒杀　例如：9块9，秒杀。

（10）一件××元，两件××元　例如：商务衬衫，一件188元，两件299元。

想一想　同学们，店铺在什么情况下，可选用"原价××元，现价××元，还送××"的促销形式？（　　　）

A. 要清仓，盘活资金

B. 提升销量

C. 以提高客单价为主要目标

D. 带动店铺其他商品

第四步：安排各工作岗位做好促销活动相关工作。

小王制订了此次促销活动的方案后，马上安排相关人员做好促销前的准备。

（1）美工岗位　负责促销活动图片的处理、页面的设计等相关事宜。

（2）客服岗位　进一步学习掌握客服沟通技巧，熟悉商品属性，并准备好商品组合方案，以便顾客购买时推荐。

（3）推广岗位　负责将促销信息发布出去，同时配合促销活动，做好全网推广工作。

（4）仓库和物流岗位　负责清点产品库存、准备发货和联系物流等工作。

通过促销活动，小王的店铺取得了很好的清仓效果，达到了促销的目的。

知识加油站 》》　促销活动小技巧

（1）促销活动要有时间限制　促销活动不可能是长期的，一定要有一个活动的时限。

（2）要用顾客熟悉的规则去搞促销活动　人的心理很多时候都是这样的，不愿花费精力去了解一个新规则，面对一排排繁杂的文字，他们会心生厌烦。

（3）促销活动要让顾客有时间的紧迫感　促销一方面要吸引顾客参与其中，让其意识到机不可失，赶紧下单成交，另一方面要让顾客传播出去，让更多的顾客来参与，这就是促销的魅力。

（4）设计具有针对性的促销方案　要了解顾客的需求，做好用户的定位。

（5）选用合适的促销方式　我们在选择促销方式时应选择符合顾客消费习惯的促销方式，看其对哪种促销方式比较敏感。

（6）做好促销活动的宣传推广　有促销活动时，要及时传播出去，可以配套一些推广工具，如直通车、淘宝客等，及时告诉消费者网店有哪些促销活动。只有把促销活动广而告之，吸引更多流量，才有可能提高销售额，达到促销的目的。

举一反三

小红刚开张不久的儿童服装店，想利用六一儿童节搞促销活动，你认为她应从哪些方面着手准备，请写出促销活动的一般步骤。

活动评价

评价项目	自我评价		教师评价	
	小结	评分（5分）	点评	评分（5分）
1. 能理解什么是促销活动				
2. 能归纳常规促销活动的主要形式				
3. 能归纳促销活动的小技巧				

活动二 玩转直通车推广

活动描述

小王的店铺通过常规促销，有了一些起色，但与朋友的网店比起来，还是有很大的差距。他虚心向朋友请教后得知，在网上做生意要想别人找到你的宝贝，自然离不开推广引流，在淘宝/天猫网店里，推广引流工具首推直通车。小王在朋友的指导下，开通直通车账号后尝试用直通车做推广活动，下面我们来看看他是如何操作的。

活动实施

第一步：了解市场行情。

做直通车推广前，小王进行了充分的准备与计划。他利用阿里指数来了解市场整体的需求量，发现需求量越大，利润空间就越大，如图3-15所示。

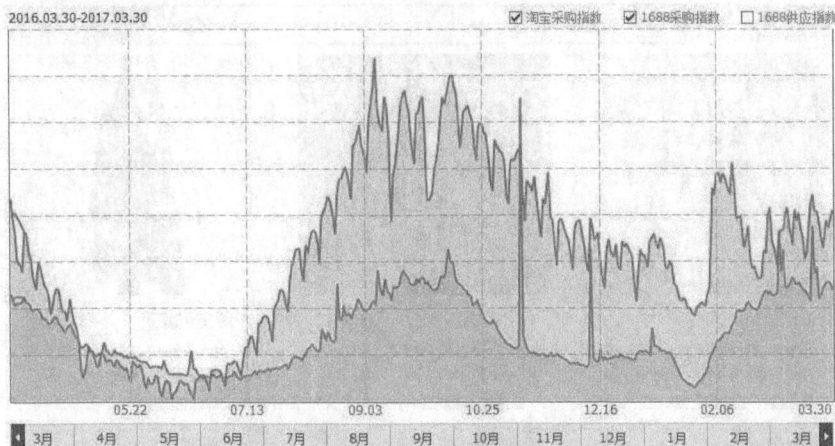

图3-15 女式风衣阿里采购指数

通过观察女式风衣一年内的采购趋势，小王发现8至10月为需求量高峰期，而4月后的需求起伏却不是很大，所以要在7月做好准备，抓住黄金时期，根据市场和店铺情况来推广。

知识链接 》》　　　　　　　　　阿里指数

阿里指数是阿里巴巴出品的基于大数据研究的社会化数据展示平台，媒体、市场研究员以及其他希望了解阿里巴巴大数据的人可以从这里获取以阿里电商数据为核心的分析报告及相关地区与市场信息。要基于阿里大数据，面向媒体、机构和社会大众提供地域和行业角度指数化的数据分析、数字新闻说明、社会热点专题发现，作为市场及行业研究的参考。

阿里指数分为区域指数、行业指数、数字新闻、专题观察等模块。

区域指数，从地区角度解读交易发展、贸易往来、商品概况、人群特征。通过区域指数，您可以了解一个地方的交易概况，发现它与其他地区之间贸易往来的热度及热门交易类目，找到当地人群关注的商品类目或者关键词，探索参与交易的人群特征。

行业指数，从行业角度解读交易发展、地区发展、商品概况、人群特征。通过行业指数，您可以了解一个行业的现状，获悉它在特定地区的发展态势，发现热门商品，知晓行业下卖家及买家群体概况。

数字新闻以数字、图表为原料，提供图文并茂的新闻解读，如可通过大数据解读高温天大家都在买什么、做什么。

专题观察将大家普遍关心的话题以专题报告等形式呈现，如新年年货、近期热门电影等，提供基于主题的深度数据探索与发现。

第二步：查看同行同类产品。

商场如战场，"知己知彼，百战不殆"，先了解一下做得好的同类产品的相关信息，总结自身的一些优劣势，取长补短。小王搜索宝贝关键词"风衣女中长款"，搜索结果如图3-16所示。

淘宝网 Taobao.com　　宝贝 ∨ 风衣女中长款　　　　　　　🔍 搜索　　在结果

¥329.00 包邮　　3549人付款
EyesonU春秋季新款OL白领韩版女式
风衣 中长款修身显瘦纯色外套
eyesonu服饰旗舰店　　上海

¥159.00　　1156人付款
秋比2017春装新款韩版宽松百搭时尚
中长款春秋外套女风衣
qiubi服饰旗舰店　　浙江 杭州

¥359.00 包邮　　1781人付款
艾格 Etam冬季时尚经典对称双排扣
中长款风衣女160134259
艾格官方旗舰店　　上海

图3-16 "风衣女中长款"淘宝搜索显示

小王通过搜索，查看网上女式中长款风衣销量排在前列的风衣店铺，了解其风衣的材质、价格、销量、标题关键词、主图效果、详情页效果和好评率等。小王将其他店铺的风衣与自家风衣的情况进行了对比，见表3-1。

表3-1　小王店铺的女式中长款风衣与其他店铺的对比

店铺名称	材质	价格（元）	销量（件）	好评率（%）	主图效果	详情页效果	标题关键词
小王店铺	纯棉	288	56	100.00	较好	好	春秋、韩版、修身、纯色、中长款
淘宝店铺A	纯棉	329	3549	98.50	好	很好	春秋、新款、韩版、修身、显瘦、纯色、中长款
淘宝店铺B	纯棉	159	1156	97.00	一般	好	春装、新款、韩版、百搭、时尚、中长款
淘宝店铺C	纯棉	359	1781	94.30	较好	一般	冬季、时尚、双排扣、对称、中长款、风衣
淘宝店铺D	纯棉	280	2981	98.10	较好	好	春秋款、时尚、纯色、韩版、中长款

小王分析同类店铺商品的优劣，学习借鉴对方的长处，总结自己风衣的一些优势，做到扬长避短。通过综合考量后，小王制订了销售计划以实现预期目标。

知识链接 》》　　　　直通车推广简介

直通车是淘宝网为广大卖家量身定制的一款推广工具，主要通过设置与推广宝贝相关的关键词获得流量，按照获得流量个数（点击数）付费，进行宝贝的精准推广。

直通车推广在提高宝贝曝光率的同时，其精准的搜索匹配也给宝贝带来了精准的潜在客户。淘宝直通车推广，仅用一个点击，就能让买家进入你的店铺，产生一次甚至多次的店铺内跳转流量，这种以点带面的关联效应可以降低整体推广的成本，提高整个店铺的关联营销效果。同时，淘宝直通车还给用户提供了淘宝网首页热卖单品活动、各个频道的热卖单品活动以及不定期的淘宝各类资源整合的直通车用户专享活动。

第三步：做测款，选择上直通车推广的商品。

通过调查，了解了对手的商品情况后，小王决定，先通过直通车测款寻找自己店铺最有潜力和引流能力的风衣，为今后合理地控制直通车的推广成本，避免全面开花、浪费推广费用打下基础。

以下是小王店铺的淘宝直通车推广测款流程：

（1）测款目标　根据店铺里各商品的销售表现，从店铺多个候选宝贝中，挑选出能够发力的潜力爆款，目标是选出将来能保障店铺流量的下一个主推款风衣。

（2）获取数据　推广人员从店铺当下流量或者销量排名前列的商品中选定候选的4

款，上直通车进行测试，如图3-17所示。

图3-17　测款候选风衣

为了防止图片文字对点击率的影响，需选择无文字的原始图片，且直通车标题要写成一样的。直通车测款测的平台是PC端，而非移动端，因为移动端点击率远远高于PC端，这样会造成点击率虚高的假象，同时移动端点击率受位置影响非常严重，所以测试的时候推广人员关闭了无线端推广。同时设置相同的投放时间和投放地域，统一选关键词和出价，让外部环境尽可能保持一样，这样测出来的数据才真实有效。

（3）分析数据　测试一周后，店铺里有了一定的推广数据，可以根据数据进行优胜劣汰。数据主要观察点击量、点击率和收藏宝贝数，如图3-18所示。

序号	款式	展现量(次)	点击量(次)	点击率(%)	总成交笔数	收藏宝贝数	点击转化率(%)
A		74672	928	1.24	11	50	1.19
B		34789	380	1.09	3	11	0.78
C		23205	198	0.85	1	8	0.51
D		10726	140	1.31	1	2	0.71

图3-18　直通车推广一周后测试数据

知识加油站 》 》

点击量代表了商品的引流能力，点击率代表了商品的引流成本，收藏宝贝数代表了商品的转化能力。如果三者数据都比较好，基本上是店铺里的爆款无疑。所以在测款期间着重看的数据是在一定时间内商品的引流能力，以及商品的受喜爱程度。

最终小王店铺选择点击量高和收藏宝贝数多的288元韩版风衣作为店铺主要推广对象，如图3-19所示。

图3-19　直通车测试选定主推款风衣

小贴士 》》

　　做直通车推广要有针对性。用直通车推广不需要选择太多款式，选有针对性的商品推广就行了，不需要全店推广，否则会大幅增加成本。自己店里的宝贝哪些是比较好卖的？哪些是货量大的？哪些是最容易让客人看一眼就要掏腰包的？这些问题卖家一定要做到心中有数，可以先选择其中的几款做测试，然后选择测试效果佳的商品进行推广。

想一想

　　店铺做直通车推广活动，应该先选择什么样的商品做推广？

　　第四步：优化直通车推广商品的详情页。

　　通过测款，选好了直通车推广商品后，小王要做的就是优化商品详情页，这是开直通车推广之前的重中之重。小王很珍惜直通车推广来的每一个访客，于是努力想办法提高店铺的转化率。哪怕直通车点击率再高，吸引进来的顾客，如看到商品详情页的内容差强人意，也会流失（跑单），所以转化率是直通车很关键的一个指标。小王决定让文案人员全面优化好商品的详情页，突出商品卖点，使整个页面布局清晰，把顾客想了解的信息都展示出来，让顾客全面了解自己的商品，留住顾客，促进成交，如图3-20所示。

图3-20　详情页商品特性

第五步：实施直通车推广活动。

前面的基本工作准备就绪后，小王让推广人员为这个主推款风衣设置了直通车推广活动——"2017夏季推广"计划，如图3-21所示。初次设置"2017夏季推广"计划应分别设置好日限额、投放平台、投放时间和投放地域，如图3-22所示。

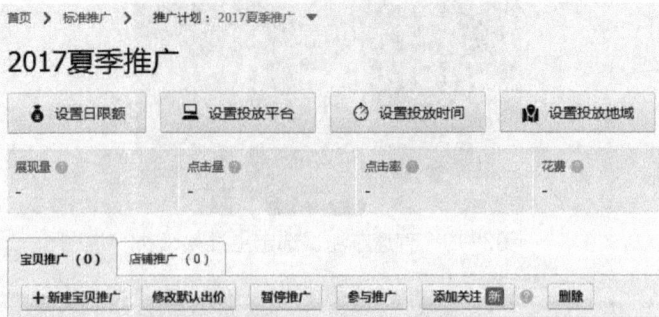

图3-21　直通车"2017夏季推广"计划

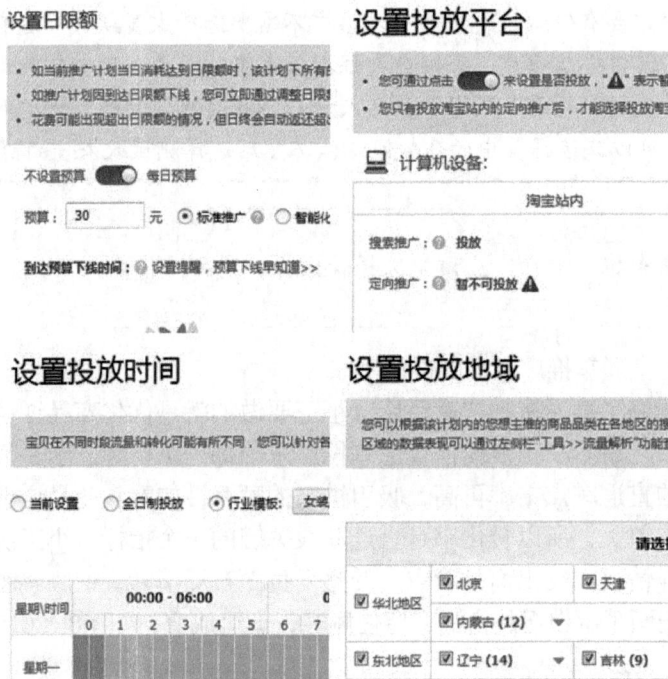

图3-22　直通车"2017夏季推广"基本设置

在这个推广活动中小王店铺选用了直通车女装行业模板设置投放时间，依据生意参谋中访客地域分布图的数据来设置投放地域。

> **想一想**　同学们，投放平台分PC端和移动端，同时又分淘宝站内和站外，这些平台是否全部投放？请你说出理由。

接下来为此计划设置具体的宝贝推广。通过前面的测款，小王决定选用288元的韩版风衣作为主推款，如图3-23所示。

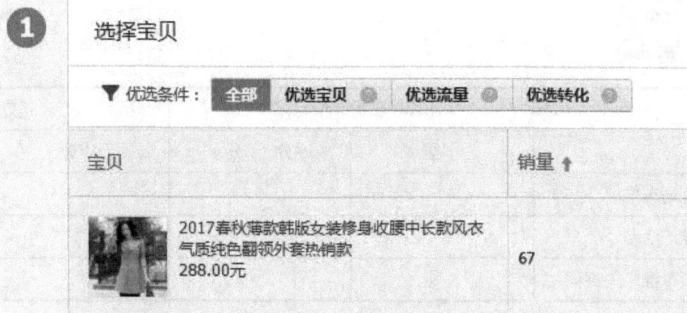

图3-23　选择宝贝参加直通车推广

　　在推广设置中，选择推广目标为"日常走量"，编辑标题的推广创意，设置推广关键词和出价，最后完成推广，如图3-24所示。

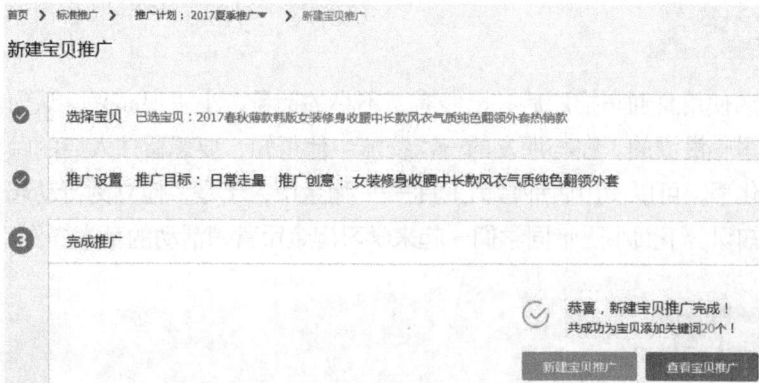

图3-24　新建宝贝推广

小贴士 》》》

　　合理选择直通车推广关键词。当卖家慎重地选择好主推商品，并且做好所推商品的广告之后，在选择直通车关键词时，可随众使用淘宝推荐的关键词，但也要有针对性地进行筛选，比如卖帆布包的就主推"帆布包""布包"等几个关键词，然后有针对性地选择与它相关联的关键词，当然，有些关键词仅仅是用来碰运气的。

　　第六步：分析数据，优化调整，进一步增强推广效果。

　　店铺进行一周直通车推广后，小王根据前期的效果进行数据比对，然后进行适当的优化调整，比如关闭没有点击量的区域，增加有转化率区域的投入；删除质量得分差的关键词，补充长尾词，提高热词的出价等。通过一系列的优化，引流效果明显，点击量和点击率均有所提高，转化率不断上升，取得了很好的推广效果。

　　通过这次的直通车推广活动，小王的店铺不仅韩版风衣销售火爆，其他商品的销售额也有所提升，取得了不错的业绩。

小红刚开张不久的儿童服装店，想利用直通车推广做活动，请说说她应如何操作。

活动评价

评价项目	自我评价		教师评价	
	小结	评分（5分）	点评	评分（5分）
1. 能理解什么是直通车推广				
2. 能设置直通车推广活动				
3. 能合理选择直通车推广关键词				

活动三 巧用淘金币营销

活动描述

小王的网店使用直通车推广后，已经有了不小的销量，小王很高兴，认为自己的店铺运营得不错，心里美滋滋的。在与朋友的一次交流中他得知，要想留住入店的顾客，提高买家黏性与成交转化率，可以使用店铺营销工具—— 淘金币，于是，他立刻行动起来，认真学习淘金币营销的知识。下面小王带同学们一起来学习淘金币营销活动的基本操作。

活动实施

第一步：设置赚淘金币营销活动

小王开通了淘金币账户（它不限心钻冠，免费开通），进入淘金币服务中心后台，在赚淘金币工具中，首先设置了淘金币抵钱营销活动，如图3-25所示。

在淘金币抵钱营销活动中，小王根据提示设置淘金币全店抵扣比例和活动时间，如图3-26所示。开通抵扣后，重新进入店铺，即可在商品价格的下方看到多出了一个淘金币抵钱的标识，如图3-27所示，最多可用淘金币抵7.76元。

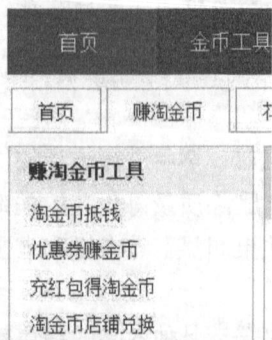

图3-25　赚淘金币工具

图3-26　设置淘金币抵钱活动

bushbury专柜正品秋冬新款风衣修身显瘦双排扣短款干练英伦风

bushbury专柜正品秋冬新款风衣修身显瘦双排扣短款干练英伦风，实体店热销款，手慢了没有哦！

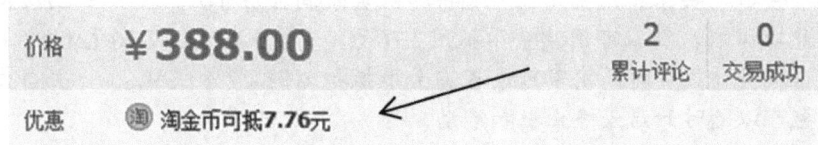

价格	￥388.00	2 累计评论	0 交易成功
优惠	淘金币可抵7.76元		

图3-27　参加淘金币抵钱活动的商品价格显示情况

分析：要想做淘金币营销，首先一定要有自己店铺可用的淘金币。卖家无法使用以买家身份赚取的淘金币，只能先通过赚淘金币工具中的营销活动来赚取买家的金币。店铺在开展淘金币抵钱活动期间将获得淘金币平台免费展示，并可获得主搜展示优先权，多攒点淘金币还可以保证后续送金币活动顺利进行。

结论：官方数据表明，开展淘金币抵钱活动不仅可以赚到金币，还可提升店铺成交转化率，提升客单价与成交额。所以，小王决定保持淘金币抵钱活动长期有效。小王先后开通了淘金币抵钱、优惠券赚金币、淘金币店铺兑换等活动。

知识链接 »» 淘金币基础知识

淘金币是淘宝网为用户提供的积分，是全网通用的虚拟货币，100淘金币等于1元人民币。淘金币频道优选全网30天最低价商品，持有淘金币的买家购买能用淘金币抵钱。此外，买家还可以用淘金币进行抽奖、秒杀、兑换超值物品等。淘金币也是资深淘友的象征和权力体现。

目前使用淘金币兑换、抽奖、竞拍各类商品，都在淘金币平台（http://taojinbi.taobao.com）进行，如图3-28所示。

图3-28　淘金币平台首页

知识加油站 »» 淘金币抵钱活动

淘金币抵钱是指卖家设置全店商品或单品支持淘金币抵钱，买家购物时可用淘金币抵扣商品金额，买家抵用金币的70%将转入卖家淘金币账户。如图3-27所示，当买家购买了此款风衣，买家可用淘金币抵用7.76元，其中5.43元（7.76元×70%）将存入卖家账户。在具体设置时，卖家可设置淘金币抵扣比例（2%~99%），并自由设置活动时间，也可以随时开启或终止抵扣活动。

试一试

同学们，通过前面的学习，请你尝试一下，设置淘金币店铺兑换活动。

第二步：设置花淘金币营销活动。

小王设置了赚淘金币营销活动后，赚了一定数量的淘金币，于是他又尝试设置花淘金币活动，在淘金币服务后台淘宝官方提供了卖家花淘金币工具，有收藏、签到、评价送淘金币等活动，如图3-29所示。

小王先设置收藏店铺送淘金币活动，如图3-30所示，设置好淘金币预算数量和活动时间，最后确认开通。

收藏店铺送淘金币

卖家设置条件：
1、您可以针对在店铺一年内有成功交易的买家在收藏您店铺的时进行赠送淘金币；
2、为保证收藏店铺送淘金币的活动有效，设置收藏店铺送淘金币的总量必须大于1000；
3、您可设置每次买家来收藏您店铺获得的金币量。单次收藏店铺赠送的金币数须为1-10的整数；
4、设置赠送的金币总量指活动时间内，您预算的送出的淘金币的总数量。设置成功后，此部分金币数将冻结。

买家收藏店铺送淘金币条件：
1、在店铺一年内有成功交易的买家，在您店铺收藏店铺可获得金币；
2、每个买家在一个月内收藏您的店铺只能够获得一次淘金币；
3、买家收藏再取消，再收藏，在一个月内不重复赠送。
4、买家仅在PC端收藏店铺可获得淘金币。

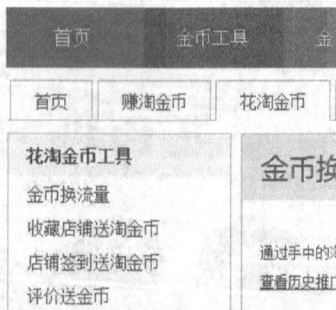

买家单次收藏店铺赠送淘金币 1 个

活动淘金币预算 1000 个
（活动开始后，该部分金币将被冻结不可用）

活动开始时间： 至

确定开通

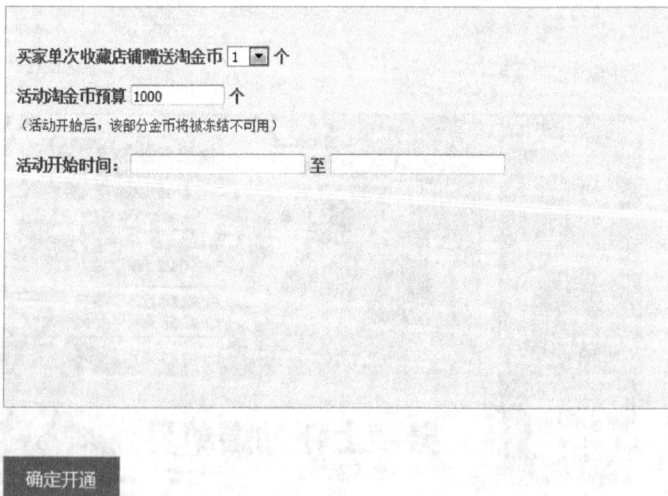

图3-29 花淘金币工具　　　　　图3-30 收藏店铺送淘金币设置界面

分析：当买家进入小王的店铺首页，单击右上角"收藏店铺"即可看到买家收藏店铺送淘金币的情况，同时，小王也在店铺主页里提示收藏店铺有淘金币送，如图3-31所示，引导进店的买家收藏店铺。买家看到收藏一下店铺就有金币送，何乐而不为呢？

图3-31　收藏店铺送淘金币

结论：淘金币相当于一张优惠券，店铺送淘金币对买家有较大的诱惑力。买家收藏店铺之后，就可以随时在收藏夹里面找到小王的店铺，这样便能增强买家黏性，促进小王店铺的推广，从而吸引回头客进店消费，提高商品成交率。小王先后开通了收藏店铺送淘金币、店铺签到送淘金币、金币换流量、评价送金币等活动。

试一试

　　同学们，通过前面的学习，请你尝试一下，设置店铺签到送淘金币和评价送金币的营销活动。

知识链接 》 》

　　淘金币营销是为淘宝卖家量身打造的店铺营销工具，卖家可以通过其卖家身份赚取淘金币，并拿赚到的淘金币去做一系列的营销活动，如收藏、签到、评价送淘金币等。通过这些方式，淘金币得以在买卖双方间循环利用，为卖家提供了更多营销途径，进而打造了店铺专属的自运营体系。

第三步：巧用淘金币营销，做好关联营销活动。

小王的店铺设置好淘金币营销活动后，流量慢慢多起来，为了利用好流量，小王的运营团队着手准备店铺商品的关联营销活动。经过商议，他们决定先将风衣与裤子搭配销售，主要在店铺主页的轮播图、商品描述页面宣传关联营销方案，如图3-32所示。

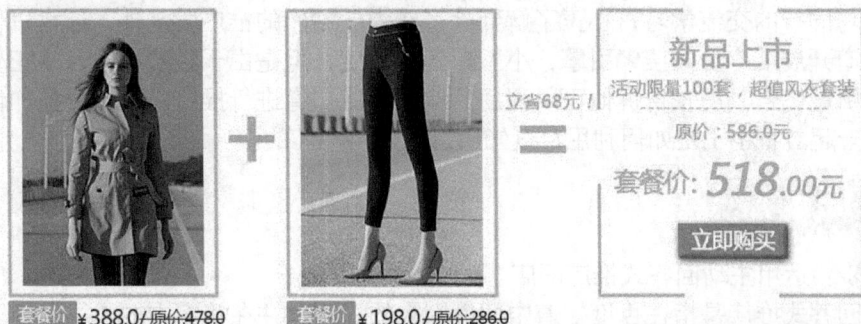

图3-32　风衣与裤子的搭配关联营销

分析：小王采用风衣与裤子的搭配销售，能让进店的买家在买风衣的同时产生购买裤子的欲望，因为用淘金币可以抵钱，两件一起买，可以省68元，能让买家真正感觉到很实惠。

结论：小王的店铺通过开展淘金币营销活动，再加上搭配销售关联营销，达到了多件销售的目的，带动了店铺的销量，提高了客单价和转化率，实现了很好的营销效果。在这次关联营销活动中，小王的店铺先后设置了搭配套餐、限时折扣、满就送等关联营销活动。

议一议

同学们，通过前面的学习，请你说说淘金币关联营销活动还有哪些？

淘金币作为全网最大的营销平台，是卖家推广的必争之地。淘金币是买家省钱玩转淘宝的好东西，更是卖家做淘宝促销活动的好工具，做好了淘金币营销，将大大提高店铺流量，增加新顾客，黏住老顾客，提高转化率。

活动评价

评价项目	自我评价		教师评价	
	小结	评分（5分）	点评	评分（5分）
1. 能设置赚淘金币工具中的淘金币抵钱活动				
2. 能设置花淘金币工具中的收藏店铺送淘金币活动				
3. 能归纳淘金币常见关联营销活动				

任务三 外部推广与营销

在这一任务中，我们将学习外部推广与营销的常用方法，使同学们掌握开展外部营销的方法和技巧。通过活动一，学习百度知道推广，通过百度知道，提升店铺的排名和曝光率；通过活动二，学会如何利用人脉开展店铺的推广；通过活动三，掌握如何借助淘宝客推广店铺。

活动一 巧用百度知道推广

活动描述

通过与同行的交流学习，小王了解到除了店内、站内的推广营销外，还可以借助外部的一些渠道开展推广。如搜索引擎，小王想到了百度，但是由于经费有限，小王暂时不想申请搜索引擎广告。朋友告诉他可以利用免费的百度知道进行推广，并指导他如何操作，接下来就一起看看小王是如何利用百度知道进行网店推广的。

活动实施

第一步：运用主动回答式推广网店。

主动回答式推广是指在百度知道中回答别人的提问，并在答案中加入推广内容的一种推广方式。小王通过如下环节完成了主动回答式推广。

环节1：寻找问题。

小王打开百度知道首页，登录后通过搜索关键词的方式寻找待解决的问题。如图3-33所示，小王输入"女装"搜索与自己店铺经营相关的问题。

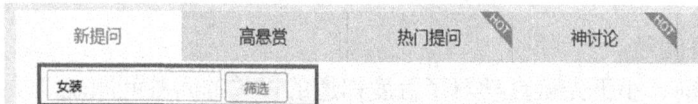

图3-33　搜索关键词查找问题

知识加油站 »　»　　　　寻找问题的技巧

1. 通过分类找相关问题

在百度知道首页单击"问题"栏，在打开的问题界面中选择想要搜索的问题的分类，通过分类来查找相关问题，如图3-34所示。

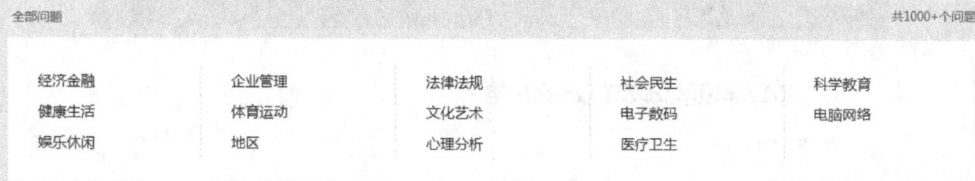

图3-34　问题分类

2. 通过关键词找相关问题

在百度知道首页单击"问题"栏后，在页面搜索框内输入关键词来寻找相关问题，如图3-35所示。

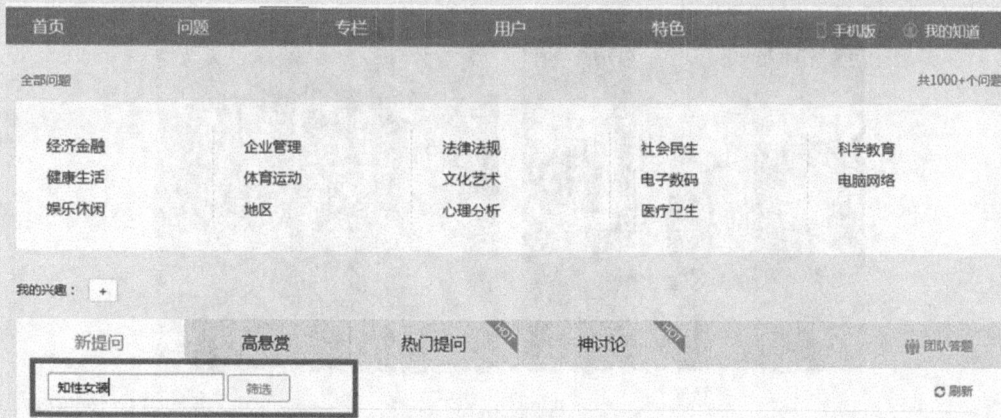

图3-35　关键词筛选问题

3. 通过设置关注兴趣来获得推荐相关问题

在百度知道的个人中心，可通过"设置兴趣"，实现系统自动推荐相关问题，如图3-36所示。

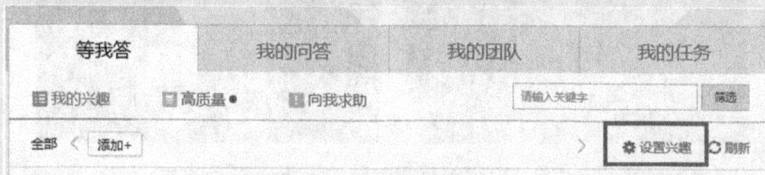

图3-36　设置兴趣

请同学们动动手，通过以上方式在百度知道中查找与女装相关的问题。

环节2：回答问题。

在回答问题前，小王先认真学习了百度知道的相关的回答问题规则。遵照这些规则，小王开始对筛选出来的相关问题进行回答，并在回答的内容中有技巧地植入店铺的广告，如图3-37、图3-38所示。

对这一问题小王进行的推广回答如下："请认真看下图（见图3-38）呈现的2017年夏季女装的流行元素及款式，淘宝女装店'王者衣橱'为你提供2017年夏季潮流女装。"

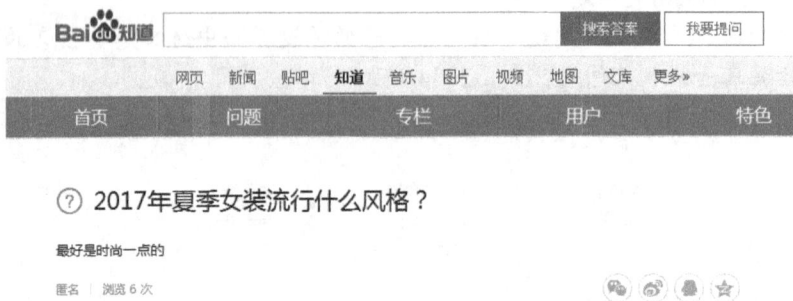

图3-37　回答问题

图3-38　2017年夏季女装的流行元素及款式

知识加油站 >> >>   **回答问题的技巧**

（1）回答内容丰富，注意回答次数   回答问题时，不要过于简短，内容要尽量丰富。一个ID每天回答问题不要超过3个，如果换ID，间隔的时间最好长一些。

（2）慎重加链接   做百度知道推广，很多人希望直接将推广链接添加在答案中，但百度公司对百度知道，尤其是对百度知道中添加的外链审核越来越严，许多网址发上去之后会直接被百度拦截。所以在百度知道中添加链接需慎重，可以尝试以下方法。①百度空间：先将链接放在百度空间的文章中，然后利用这篇文章将链接提交到答案中去；②百度搜藏：将需要的链接地址收藏到百度搜藏中，并且使用一个相对好的名称，提交答案时，可以将百度搜藏提交。

（3）答案应宣传性与实用性并重   做推广时，找准相关问题是第一步。例如，家居建材的网站，应去生活栏目回答对应的问题，做到答案既对用户有用，让他们记住推广的网站，又不会被删除或处罚。

（4）借助插入图片、视频、地图进行推广   在回答问题时，可在答案中插入图片、视频或地图，如图3-39所示，可将推广的内容插入到图片、视频中。

图3-39 答案编辑

试一试

请同学们试一试，利用主动回答式推广方式为经营童装网店的小李进行百度知道推广，并截图上交给老师。

第二步：运用自问自答式推广网店。

自问自答式推广   是指卖家先在百度知道中提问，然后再利用拥有的"马甲"将拟定好的带推广内容的答案推出，并将其采纳为最佳答案。小王通过如下环节完成了自问自答式推广。

环节1：注册账号。

因为自问自答式推广需要用到不同的账号进行提问、回答和评论，所以小王在正式推广前利用邮箱和手机号码注册了多个账号，分别为：

提问者账号：提出问题的账号。

专家账号：回答提问的账号，回答的内容要具有一定的专业性。

赞同账号：这类账号一般用来回答正面支持内容。

环节2：拟定关键词。

由于买家是通过关键词搜索来查找信息的，所以为了提升搜索排名，在提问前要先拟定好与推广内容相关的关键词。

小王经营的是女装网店，经过分析，他拟定了如下长尾关键词：哪家店铺的连衣裙穿着既漂亮又舒服？"王者衣橱"这个牌子的女装怎么样？哪个品牌的女装较知性？

知识加油站 » »　　　　　　**关键词选择技巧**

尽量选择与店铺相关的长尾关键词，即：

1）产品关键词，如：北京哪里烤鸭好吃？

2）品牌关键词，如：京东商城的便携式计算机怎么样？

3）行业服务通用关键词，如：北京哪家英语翻译机构最专业？

如何根据主关键词来拓展长尾关键词呢？可以考虑在主关键词的基础上添加地域、性别、职业等相关词语；也可以根据用户思维来添加一些词语，比如：哪里有、哪里卖、哪里可以、怎样、如何、怎么、多少钱、哪里好、最好的、哪里便宜等。

举一反三

小李的店铺是经营童装的，请同学们为他拟定用于百度知道推广的长尾关键词。

环节3：提问。

小王利用刚才拟定好的长尾关键词进行提问，他登录百度知道，单击首页搜索框后的"我要提问"，即进入问题的编辑页面，如图3-40所示，将长尾关键词作为标题，再编辑好详细的问题内容后单击"提交"即完成提问。如果问题还没有描述清楚，可以单击展开"问题补充"，详细描述疑惑，并可以插入图片来帮助回答者更好地理解问题，以期得到更有针对性的帮助。另外，为了得到更好的解答，可以对问题设置悬赏，如图3-41所示。

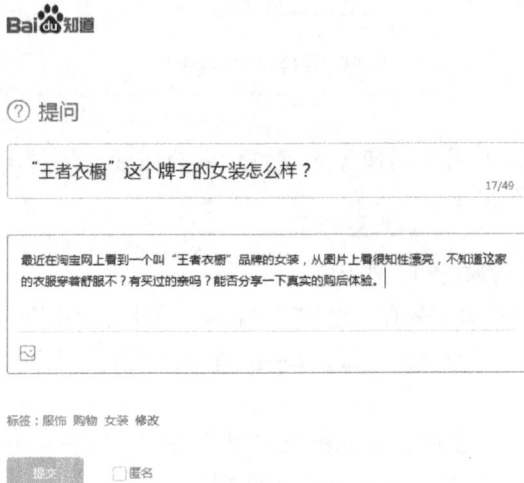

图3-40　提问

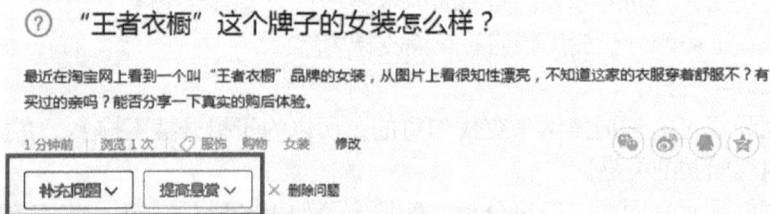

图3-41　补充问题、悬赏

环节4：回答问题。

小王更换账号和IP后，用包含软广告的内容进行回答。发问题、回答之间要有12小时以上的时间间隔，不要提问之后马上就回答，那样很容易被删除。

环节5：设置最佳答案、评论。

小王更换账号和IP后，将包含软广告的回答采纳为最佳答案。然后利用其他账号对最佳答案进行好评，以提高问题的搜索排名，如图3-42所示。

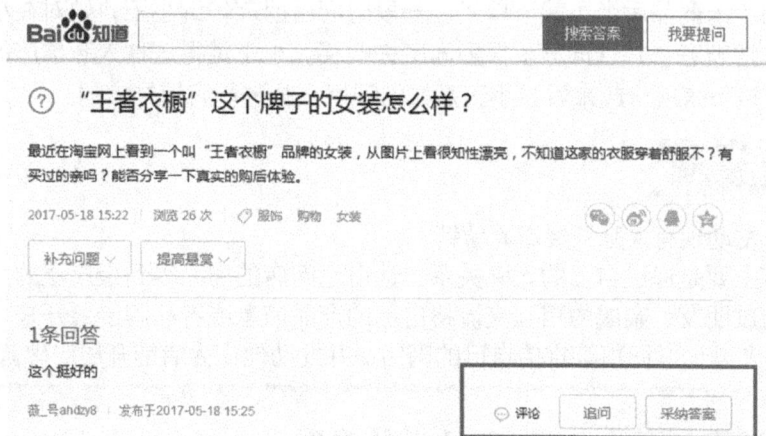

图3-42 采纳答案

第三步：查看问题排名。

小王通过在百度搜索"'王者衣橱'这个牌子的女装怎么样"的标题，查看排名和关注情况，搜索结果显示这个问题排在首页第二的位置，而且得到了100多位访客的关注，达到了推广宣传的效果。

知识加油站 》 》 》 提升百度知道排名的技巧

（1）用推广的长尾关键词做问题 如果要用"王者衣橱的连衣裙如何"做长尾关键词，那么就直接用"王者衣橱的连衣裙如何"在百度上提问，尽量与长尾关键词完全匹配。

（2）增加最佳答案的好评数 不断地换IP对最佳答案进行好评，这是最关键的一点，一定要确保好评数量在同类问题中是最高的。

举一反三

小李的店铺是经营童装的，请同学们运用自问自答式百度知道推广方式，参考小王的推广流程为小李的网店进行推广。

活动评价

评价项目	自我评价		教师评价	
	小结	评分（5分）	点评	评分（5分）
1. 会运用主动回答式的百度知道推广方式进行网店推广				
2. 会运用自问自答式的百度知道推广方式进行网店推广				

活动二 ▶ 利用人脉推广

活动描述

在一次朋友聚会上，小王向朋友们介绍了自己的网店，希望朋友们多多惠顾。有朋友浏览了小王的店铺商品后当场就下单了。一段时间后朋友告诉小王，她对在小王店里购买的服装感到非常满意，并且推荐了很多同事去购买。小王觉得这种人脉推广的方式应该充分运用起来，接下来就一起来看看小王是如何利用人脉进行店铺推广的。

活动实施

第一步：发动现有人脉开展口碑营销。

人脉推广主要是通过自己的人际关系，让自己网店的商品得到最广泛的宣传。口碑营销是指企业通过朋友、亲戚的相互交流将自己的产品信息或者品牌传播开来。小王首先向身边的亲戚朋友、同学同事等宣传自己的网店，并发动他们为店铺开展口碑营销。

知识加油站 » »　　　　　　**人脉的类型**

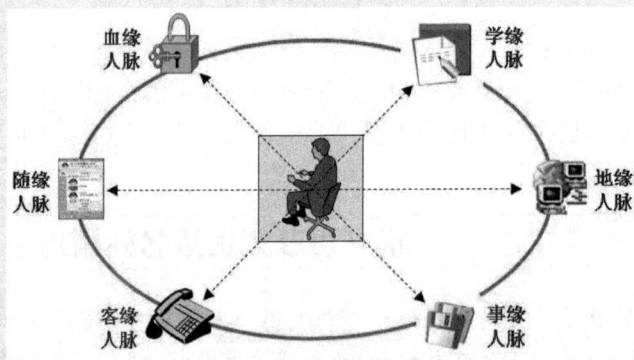

图3-43　人脉的类型

1. **血缘人脉**
由家族、宗族、种族形成的人脉。

2. **地缘人脉**
因居住地域形成的人脉，如老乡。

3. **学缘人脉**
因共同学习而形成的人脉，如一起上学、培训建立起的关系。

4. **事缘人脉**
因共同工作或处理事务而形成的人脉，如工作中的同事、上司、下属。

5. **客缘人脉**
因工作中与各类客户打交道而形成的人脉，如厂家、供应商、零售商、加盟商、合作商、消费者等。

6. **随缘人脉**
短暂的聚会、偶然的邂逅等形成的人脉。

第二步：与其他网店合作联盟，拓展人脉圈。

人脉圈越广泛，网店的产品就越能获得广泛的宣传。所以小王在发动现有人脉的基础上积极寻找、积累新人脉，拓展人脉圈。小王开始与其他网店合作，建立合作联盟，将其他网店的人脉都变为自己的人脉。

知识链接 》》 　　　　　　**网店间合作联盟的方式**

1）店铺互链，开展关联营销。
2）增加友情链接。
3）互相收藏网店和宝贝。
4）发货时互发店卡或者名片。
5）交易成交时推荐联盟店铺的关联产品。
6）互相提供赠品吸引新的买家。
7）统一印制DM广告并在发货时送出。

第三步：变客户为朋友，开拓新人脉。

人脉开拓的另一种方式就是将客户变为朋友，促使顾客再次购买以及介绍新朋友购买。所以小王积极开展客户的维护营销。他建立了老客户旺旺群，在群里发布"老带新"优惠信息，并经常发布新品促销信息等吸引老客户再次购买和介绍新朋友购买；同时他借助客户运营平台进行老客户细分维护，让不同的老客户享受对应的优惠。

客户运营平台可从"卖家中心"的"营销中心"栏目下进入，也可以登录千牛工作台（3.09.00及以上版本），在工作台左侧单击"客户运营"进入。客户运营平台的工作页面如图3-44所示。

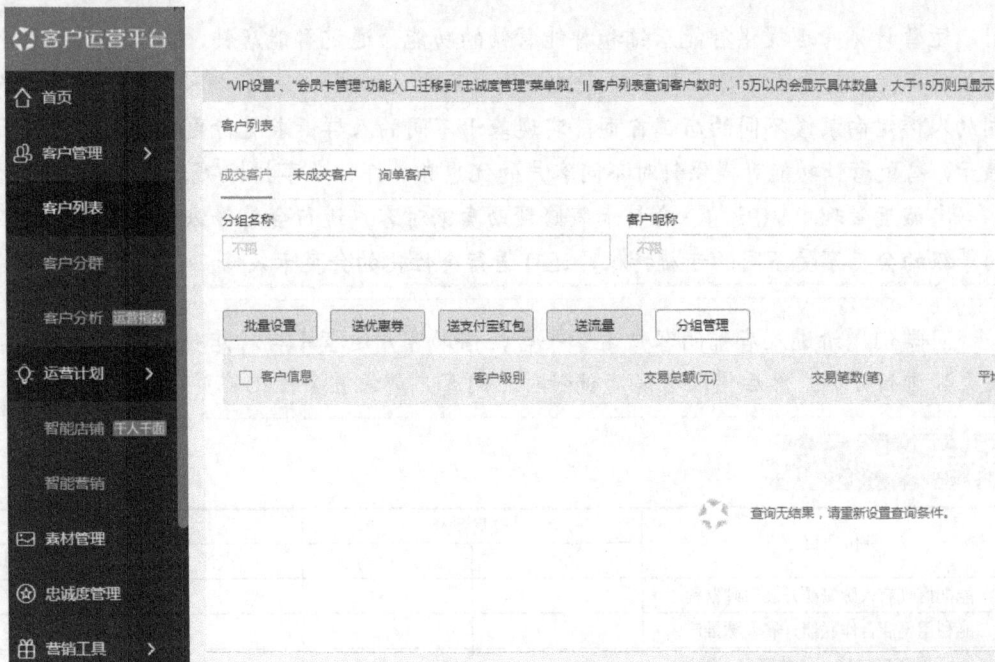

图3-44　客户运营平台

知识加油站 » »　　　　客户运营平台

借助客户运营平台，卖家可以进行客户管理、运营计划管理和忠诚度管理。

客户管理为卖家提供客户列表、客户分群和客户分析功能。通过客户列表，卖家可以查看成交客户明细，给客户打标签，发优惠券、流量、支付宝红包等。客户分群即卖家可选择相关的标签将客户分群，如图3-45所示，便于进行客户的差异化管理。

图3-45　客户分群

运营计划管理提供智能店铺和智能营销的功能。通过智能店铺，卖家可以设置个性化首页，即可自由选择人群标签定义不同的人群（如男/女、新/老客等），然后为不同的人群定向装修不同的店铺首页，实现基于不同的人群诉求进行更精准的店铺页面展示。智能营销功能可提供针对不同客户的优惠券关怀、专享打折/减现、专享价。

忠诚度管理中VIP设置+会员卡装修帮助卖家对客户进行会员等级分层管理，让不同等级的会员享受不同的专属特权，还可进行个性化的会员卡装修。

试一试

同学们，请进入店铺的客户运营平台，借助客户运营平台对店铺内的客户按照购买次数进行分群，然后借助智能店铺针对不同客户群设置个性化首页。

活动评价

评价项目	自我评价		教师评价	
	小结	评分（5分）	点评	评分（5分）
1. 能把握现有人脉资源开展口碑营销				
2. 能利用网店合作联盟开展人脉推广				
3. 能开展客户维护，借助客户人脉进行推广				

活动三　玩转淘宝客推广

活动描述

通过店内、站内推广与营销，小王店铺的成交量有了很大的提升，但是小王希望能借助更多的渠道进行推广。通过与朋友的交流，他意识到利用淘宝客来推广店铺很不错。淘宝客推广是按成交付费的，不成交，不用付费，同时还能免费为自己的商品做广告，何乐而不为呢？接下来就一起来看看小王是如何利用淘宝客进行商品推广的。

活动实施

第一步：做好推广前商品选款和预热。

小王进入卖家后台，在生意参谋里查看店内商品效果明细，如图3-46所示。

图3-46　商品效果明细

分析：根据店内商品的效果排名，小王选中访客数、浏览量和下单数较多的商品开展淘宝客推广。为了达到更好的推广效果，小王在做淘宝客推广前，先将店铺近期刚上的主推新品做了直通车和促销活动，积攒了人气和销量后再开展淘宝客推广。因为只有销量和人气高的商品才能吸引淘宝客参与推广。

选定参与推广的商品后，小王在卖家中心操作加入淘宝客推广。加入淘宝客推广可以在卖家中心页面或者阿里妈妈首页来操作。

方法一：进入淘宝网卖家中心，在页面的中部找到"营销中心"，选择"我要推广"，进入推广界面，如图3-47所示，在推广工具中选择"淘宝客"图标，然后按步骤确认协议、开通支付宝账户付款即可开通。

方法二：打开阿里妈妈www.alimama.com——淘宝会员登录——营销平台——淘宝客，然后单击"进入我的淘宝客"，按步骤确认协议、开通支付宝账户付款即可开通。

图3-47　淘宝客开通

知识链接 》》　　　　　淘宝客推广

淘宝客推广是一种按照成交来计费的推广模式，由淘宝客（个人或网站）帮助淘宝卖家推广商品，买家通过推广的链接进入完成交易后，淘宝卖家支付一定比例的佣金给帮助推广的淘宝客。其运行过程如图3-48所示。

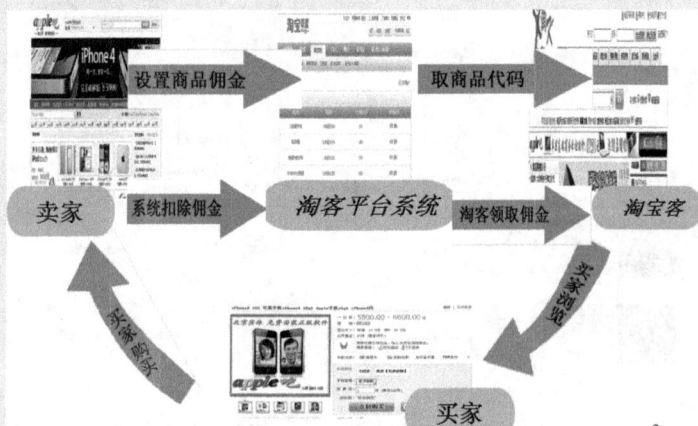

图3-48　淘宝客推广

淘宝客是帮助淘宝卖家推广商品，推广的商品成交后，获得一定佣金的人。淘宝客分为两类：一类是个人，如博客主、论坛会员、聊天工具使用者、个人站长；一类是网站，如博客、门户、资讯、导购分享、视频等网站。如导购分享的代表网站有蘑菇街、美丽说、堆糖、51返利网、易购网、返还网、米折网、淘800、九块邮等；门户网站的代表有新浪、搜狐、网易和腾讯等，以及优酷等视频网站，如图3-49所示。

图3-49　淘宝客网站

想
一
想

请同学们进入感兴趣的门户网站如新浪、搜狐、网易、优酷、腾讯等，思考在这些网站的淘宝产品广告是否都属于淘宝客推广。

第二步：创建淘宝客推广计划。

选定好推广的商品后，小王就着手创建淘宝客推广计划了。小王了解到淘宝客推广计划分为通用计划、定向计划、如意投计划和活动计划四种。

知识链接 » » 　　　　　　　　淘宝客计划类型

1. 通用计划

通用计划是卖家加入淘宝客推广默认开启的计划，该计划不能暂停和删除。主要由淘宝客单独获取某个宝贝或店铺的推广链接发送到淘宝网以外的地方进行推广。全店商品参加，若卖家未设置主推商品，则按照类目佣金比率计算淘宝客佣金，佣金比率最高为50%。

2. 定向计划

定向计划有别于通用计划，由卖家在后台自行创建，可以自定义一些功能，如公开/不公开、人工审核/自动审核等；也是全店商品参加，未设置主推商品时，佣金按照类目佣金比率计算，最高佣金比率为70%。计划运行7天后可手动暂停，暂停后无法重新开启，暂停后可自行删除。

3. 如意投计划

如意投计划需卖家激活，由阿里妈妈系统根据商品佣金比率及宝贝综合质量情况，将商品智能推送到爱淘宝搜索结果页、中小网站橱窗推广等页面上展现，可根据推广需求随时开启或暂停。最高佣金比率为50%。该计划可随时暂停，再次开启需暂停15天以后，其计划无法删除。

4. 活动计划

活动计划是指卖家报名淘宝客发起的互动招商活动后，由系统自动生成的计划。最高佣金比率为90%。报名成功后无法删除计划。

为了吸引更多的淘宝客来参与推广，小王进入淘宝客后台分别创建了以上四种推广计划。

1. 创建通用计划

为了增强通用计划的效果，小王选择了店内人气较旺的30件当季商品设置为计划主推商品，并根据每件商品的利润情况将佣金比率进行适当调高。具体操作如下：

1）在淘宝客后台单击"CPS计划管理"，然后在通用计划右侧单击查看，如图3-50所示。

2）新增主推商品，单击"新增主推商品"就进入主推商品的选择页面，如图3-51所示，单击选择要推广的商品后，可批量设默认佣金，然后单击"完成添加"即可。

3）编辑佣金比率。类目佣金可在类目右侧进行重新设置，主推商品佣金可在步骤2批量设置，也可以进行单独编辑，如图3-52所示，单击商品右侧的佣金即可重新设置佣金。佣金设置完成后单击"完成"即完成通用计划的创建。

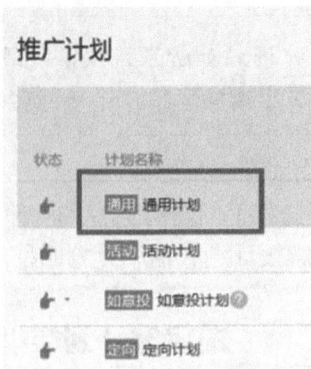

图3-50　新建通用计划

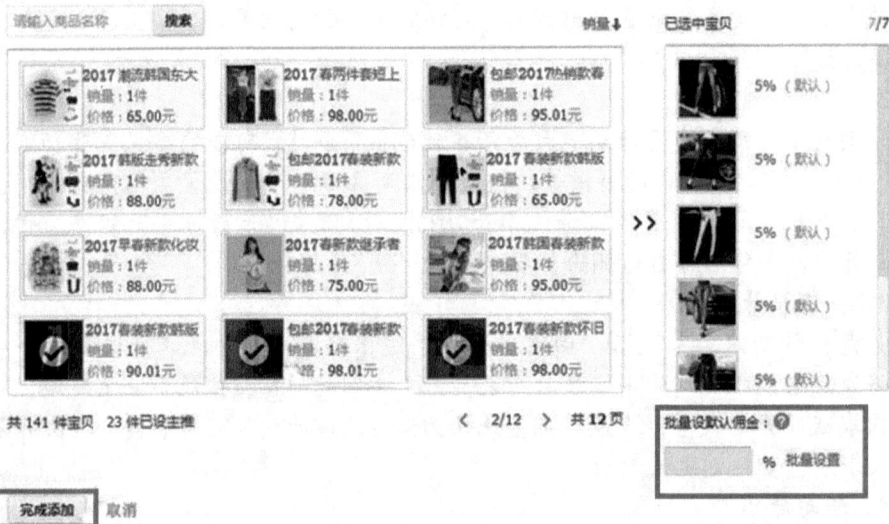

图3-51　新增主推商品

图3-52　佣金比率设置

2. 设置定向计划

定向计划是卖家为淘宝客中某一个细分群体设置的推广计划，可以让淘宝客在阿里妈妈前台看到推广并吸引淘宝客参加。也可由卖家跟某些大网站协商好，以让卖家获取较大的流量，让淘宝客获取较高的佣金。小王与几个大的购物导航网站协商后创建了一个面向这些导航网站的定向计划，具体操作如下。

1）单击定向计划右侧"查看"后单击"新建定向计划"，如图3-53所示。

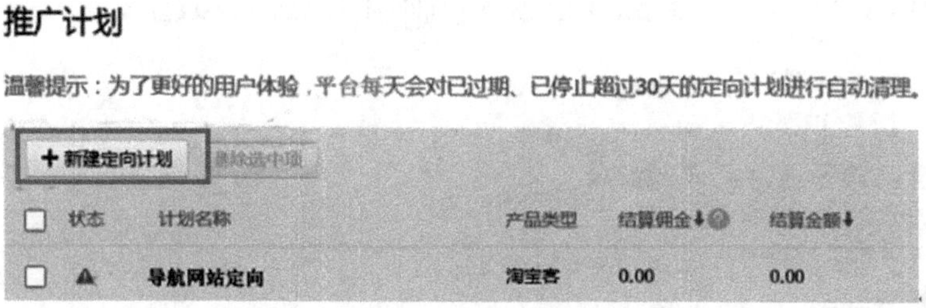

推广计划

温馨提示：为了更好的用户体验，平台每天会对已过期、已停止超过30天的定向计划进行自动清理。

	状态	计划名称		产品类型	结算佣金↓⑩	结算金额↓
		+ 新建定向计划	删除选中项			
☐	⚠	**导航网站定向**		淘宝客	0.00	0.00

图3-53　新建定向计划

2）填写定向计划信息。如图3-54所示，小王将计划名称定为"王者衣橱与购物导航网站定向合作计划"，计划类型选择"公开"，即所有淘宝客都可以看见和申请，审核方式选择"全部手动审核"，即淘宝客申请后需要卖家在"淘宝客管理"中参考淘宝客的申请理由决定是否给予通过。起止日期系统要求至少运行7天。计划描述是选填项，为了吸引淘宝客来推广，小王对计划的佣金及商品优势进行了描述。

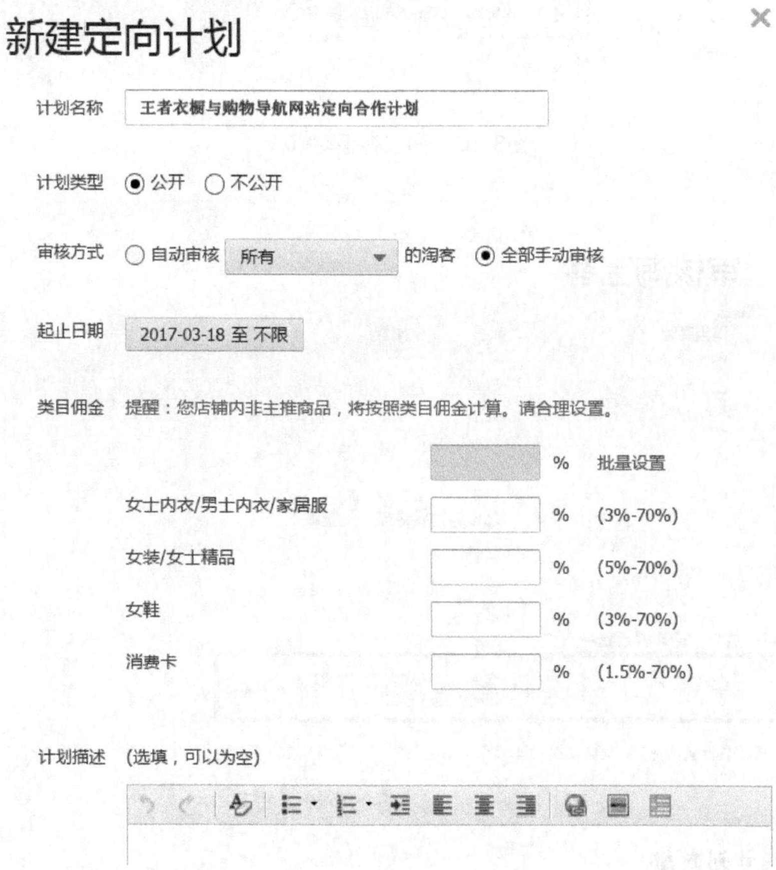

新建定向计划 ✕

计划名称　王者衣橱与购物导航网站定向合作计划

计划类型　◉ 公开　○ 不公开

审核方式　○ 自动审核　所有 ▼ 的淘客　◉ 全部手动审核

起止日期　2017-03-18 至 不限

类目佣金　提醒：您店铺内非主推商品，将按照类目佣金计算。请合理设置。

	___%	批量设置
女士内衣/男士内衣/家居服	___%	(3%-70%)
女装/女士精品	___%	(5%-70%)
女鞋	___%	(3%-70%)
消费卡	___%	(1.5%-70%)

计划描述　(选填，可以为空)

图3-54　新建定向计划

因为小王选择手动审核淘宝客，计划生效后，小王需在定向计划页面找到"淘宝客管理"下的"审核淘宝客"，如图3-55所示，单击后进入淘宝客的审核页面，对申请推广的淘宝客进行审核，如图3-56所示。

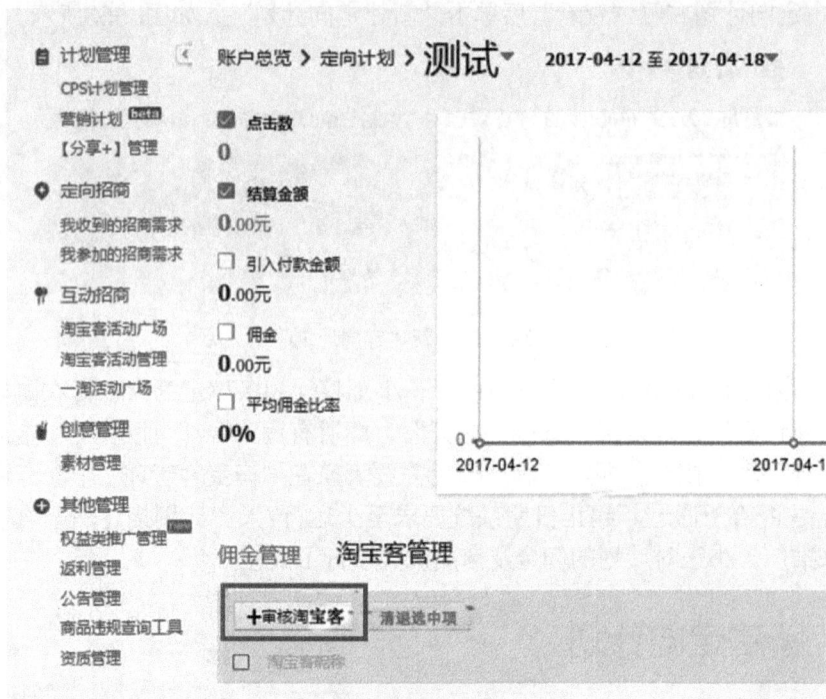

图3-55　淘宝客手动审核

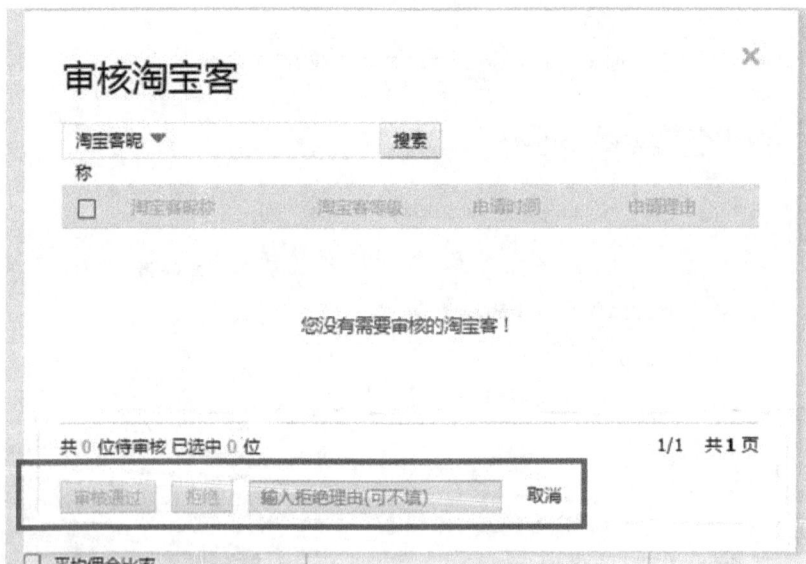

图3-56　淘宝客的审核页面

3．如意投计划新建

如意投计划的推广原理是：卖家激活如意投计划——系统根据宝贝综合质量情况进行打分排名——优质商品被推送到爱淘宝搜索结果页或中小网站橱窗推广位展示推广。综合得分=宝贝综合质量分×佣金比例。

小王激活如意投计划，如图3-57所示，然后按照页面设置相应的类目和单品佣金。

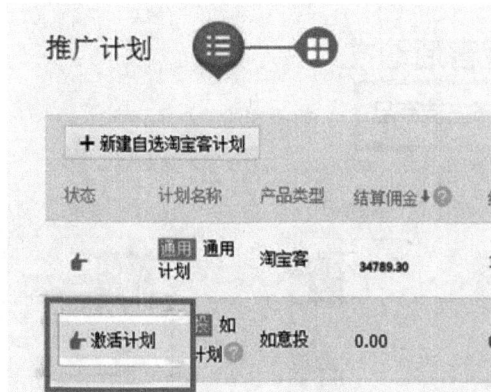

图3-57　激活如意投计划

4．活动计划新建

活动计划即报名淘宝客发起的互动招商活动，小王通过淘宝客后台进入淘宝客活动广场，如图3-58所示，结合自身店铺的情况筛选活动，操作如下。

（1）筛选活动　在淘宝客活动广场，如图3-58所示，可通过"促销类型""行业类目""佣金比率"等进行筛选；或者通过"最新发布"或"等级从高到低"进行筛选；也可通过"活动名称"搜索，查找想报名的活动。小王通过"行业类目"筛选出"女装"类目正在开展的活动，准备参加"【爆款计划】百万流量打造爆款+29期"的活动。

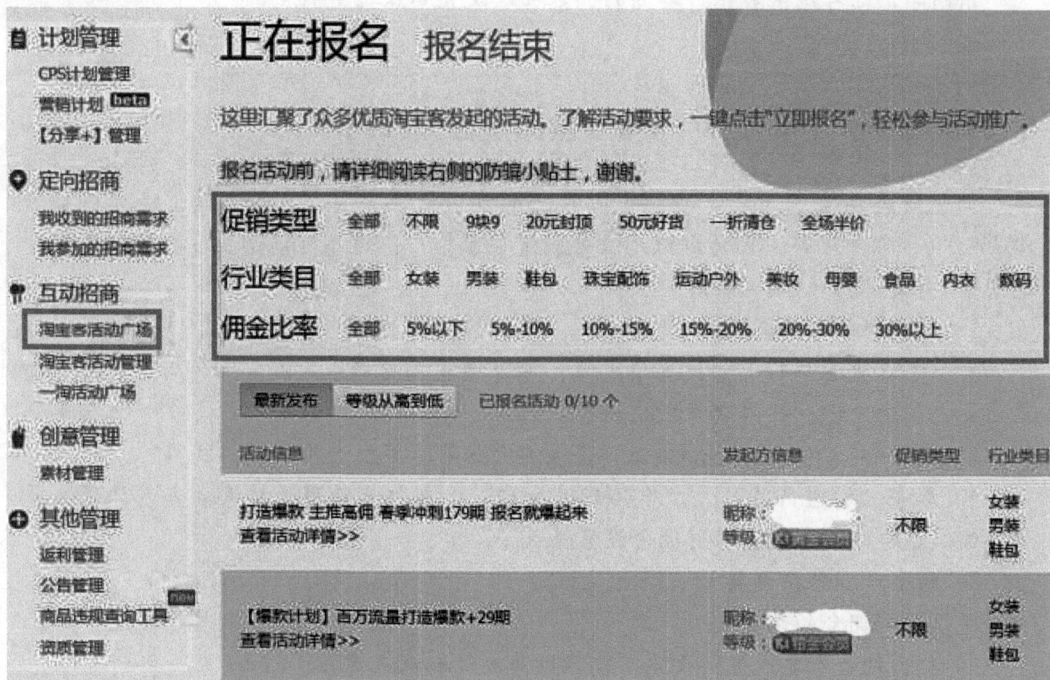

图3-58　淘宝客活动筛选

（2）选择报名活动的商品　小王报名后，进入主推商品的选择页面，挑选了店内热卖的几款衣服加入推广，如图3-59所示。

图3-59　选择主推商品

（3）设置佣金比率　商品添加完成后，小王根据操作提示分别设置了商品的佣金，为了提高审核通过率，同时上传了商品的图片。

> **议一议**
>
> 请同学们思考淘宝客推广计划的佣金应该设置高点还是低点？

知识加油站 » »　　　　淘宝客佣金设置技巧

佣金就是淘宝客为卖家推广宝贝获得的酬劳，其算法是：佣金=（实际成交金额-邮费）×佣金比率。佣金过低无法吸引淘宝客推广，过高可能造成亏损，所以佣金的设置要根据宝贝的利润而定。主要技巧如下。

1. **参考同行的佣金设置**

卖家怎么查看同行佣金设置情况呢？可以淘宝客身份进入淘宝客的后台，搜索查看商品的佣金比例。具体操作方式如下：

1）打开http://pub.alimama.com，登录淘宝账号，单击进入"我的联盟"。

2）单击"联盟产品"—"单品店铺推广"，在打开的页面搜索要查看的商品或者店铺，这样就可以查看同行佣金设置情况了。

2. **结合计划特征设置**

通用计划佣金的设置：

1）类目佣金不要设置得太高，要根据商品的利润来定。

2）尽量把商品都选择上，淘宝客主推商品的佣金设置得高些，其他产品的佣金可以设置得低些。

3）通用计划佣金设置不要高于50%，因为高于50%的佣金别人是看不到的。

如意投计划的佣金要在利润允许的前提下尽量设置得高些，因为如意投计划展现顺序是根据宝贝综合质量情况进行打分排名决定的，而综合得分=宝贝综合质量分×佣金比例，所以高佣金才能获得更多展现机会。

定向计划和活动计划佣金的设置应依具体情况而定，但尽量在利润允许的前提下设置较高的佣金，以吸引更多的淘宝客推广。

第三步：招募淘宝客。

小王已经完成淘宝客推广计划的创建，可是一段时间过去了，小王从生意参谋的流量数据看到淘宝客带来的流量寥寥无几。小王咨询同行后得知，计划创建完成后还要进行淘宝客的招募。

议一议

请同学们帮助小王想一想，可以通过什么方式招募淘宝客，请给出三种以上方式。

知识加油站 » » **淘宝客招募方式**

很多卖家设置完淘宝客推广计划后就坐等淘宝客推广商品，但事实是阿里妈妈平台参与淘宝客推广的商品千千万，如果卖家不主动采取招募措施，淘宝客便无法知道你、选择你。卖家可以通过以下措施主动出击，寻找淘宝客：

1）主动与淘客类的网站站长沟通，寻求建立起营销合作的关系。

有很多做得好的比较购物、导购类的淘客网站，如蘑菇街、美丽说、堆糖、51返利网、易购网、返还网、米折网、淘800、九块邮等或门户网站，卖家可以主动与网站站长沟通，寻求开展淘宝客合作。

2）寻找高等级、高流量的博客主。

3）SNS社区推广、论坛发帖，如图3-60所示。

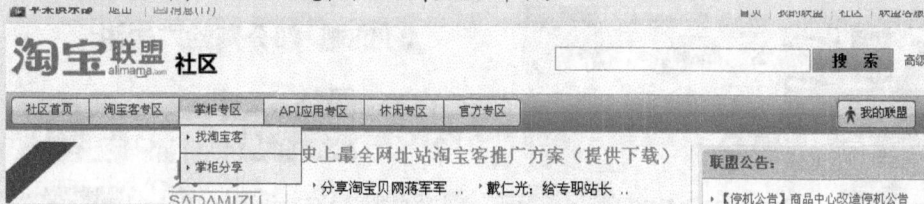

图3-60 找淘宝客

4）加入各类购物、团购性质的QQ群，有效地发布消息。

5）培养自己的淘客团队。

6）做活动，通过额外的报酬吸引淘宝客，如图3-61所示。

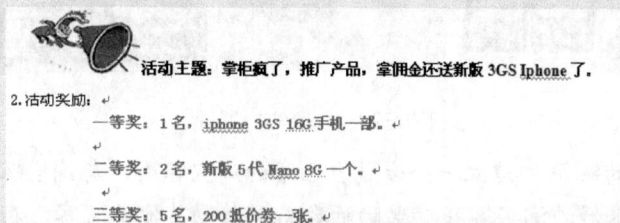

图3-61 招募淘宝客活动

于是小王主动出击，与导购类的淘客网站站长沟通达成了营销合作；还在微博、博客中找到了高流量的博主进行推广合作；在淘宝论坛和天涯、百度贴吧以及一些主流的论坛发帖招募淘宝客；利用QQ和旺旺等聊天工具发布淘宝客招募信息。此外，他还策划参与推广赢上海迪士尼3日游的活动，以吸引更多的淘宝客参与推广。通过这些措施，小王的推广计划吸引了众多的淘宝客参与推广。

第四步：推广效果分析、优化调整。

经过主动出击招募淘宝客，小王从数据分析上看到淘宝客带来的流量得到很大的提升。小王打开了淘宝客管理后台查看详细的推广效果。在分析推广效果的基础上，小王对佣金进行相应的优化调整，并有针对性地优化了淘宝客后台活动。

知识加油站 » »　　　　　　**淘宝客推广技巧**

（1）选择店内热卖商品参与推广　对于新品，在进行淘宝客推广前需要推广、促销、做人气，如上直通车，直通车可以为商品带来人气、创新销售纪录，从而让淘宝客有从众心理，让他们知道要推的商品有人气、有销量。

（2）合理设置佣金　佣金是吸引淘宝客参与推广的重要因素，所以在利润允许的范围内应尽量设置较有吸引力的佣金。

（3）完善优化商品主图、详情图　主图、详情图设计的专业性会直接影响淘宝客推广的信心和推广的转化率。所以，卖家要对商品主图和详情图进行优化、完善。

（4）展现卖家的实力和影响力　卖家要充分展现自身的实力和影响力，让淘宝客觉得他不是一个人在奋斗，推广很容易，如图3-62所示。

图3-62　卖家实力展现

（5）淘宝客的维护　建立一个专属自己家的淘宝客群，与淘宝客长期保持交流和互动。如让做得很好的淘宝客在群里晒晒数据以激励其他淘宝客；在群里发布奖励政策，如当月成功交易多少件可以享受更加高的佣金，激励淘宝客去提高推广业绩；还可以定期共享店铺最新的推广图片素材和软文素材；另外，店铺有大活动时也可以方便地通知到淘宝客们。通过维护，淘宝客推广效率得以提高，自然能吸引更多的淘宝客加入店铺的推广。

通过淘宝客推广，小王店铺的销量在一个月内提升了80%，知名度也有了很大的提升，并培育了一批淘宝客，形成了良性循环。

活动评价

评价项目	自我评价		教师评价	
	小结	评分（5分）	点评	评分（5分）
1. 能理解淘宝客的基本知识				
2. 会加入淘宝客推广				
3. 会设置淘宝客推广计划				
4. 掌握淘宝客佣金设置和推广技巧				

项目总结

通过本项目的学习，学生应能巧妙运用聊天工具、评价留言等做店内的推广与营销；能灵活运用店内常规促销活动，结合按点击付费的直通车和提高买家黏性的淘金币做好站内推广与营销；能熟练运用百度知道推广网店，利用自身的人脉做推广；能准确地运用按成交付费的淘宝客做外部推广与营销。本项目将培养学生对网店全方位推广与营销的运营思路，提升其店铺运营水平。

项目练习

一、填空题

1. 阿里旺旺卖家版现改版叫_____。

2. 直通车是淘宝网为广大卖家量身定制的一款推广工具，主要通过设置、推广与宝贝相关的关键词获得流量，按照获得_____（_____）付费，进行宝贝的精准推广。

3. 花淘金币工具目前主要有金币换流量、_____、店铺签到送淘金币、_____等。

4. 百度知道推广网店的方式有_____和_____。

5. 淘宝客推广是一种按照_____来计费的推广模式，由淘宝客（个人或网站）帮助淘宝卖家推广商品，买家通过推广的链接进入完成交易后，淘宝卖家支付一定比例的佣金给帮助推广的淘宝客。

二、选择题

1. 下面选项中，（　　　）是淘宝评价留言不能实现的。

A. 文字　　　　B. 图片　　　　C. 视频　　　　D. 符号

2. 下面的促销活动中哪些是商品销售初期阶段的促销？（　　　）

A. 满100元，立减10元   B. 新品发布，免费试穿

C. 五一感恩回馈，全场包邮   D. 新品上市，全场包邮

3. 在直通车推广中，一个标准的推广计划应设置好日限额、投放平台、投放时间和（   ）。

A. 投放金额   B. 投放宝贝

C. 投放地域   D. 投放网站

4. 下面营销活动中，哪些是卖家赚淘金币？（   ）

A. 淘金币抵钱   B. 收藏店铺送淘金币

C. 淘金币店铺兑换   D. 店铺签到送淘金币

5. 淘宝客推广计划中，（   ）是由阿里妈妈系统根据商品佣金比率及宝贝综合质量情况，将商品智能推送到爱淘宝搜索结果页、中小网站橱窗推广等页面上展现。

A. 活动计划   B. 定向计划

C. 通用计划   D. 如意投计划

三、实践题

1. 小刘掌柜最近在淘宝网上开了一家化妆品网店，假如你是网店推广员，请你运用学到的淘金币营销知识帮小刘掌柜做淘金币营销活动。

实训一：为网店开通淘金币营销账户。

实训二：运用赚淘金币营销工具为网店设置淘金币抵钱活动。

实训三：运用花淘金币营销工具为网店设置收藏店铺送淘金币活动。

2. 小刘掌柜的化妆品网店想利用淘宝客进行推广，假如你是网店推广员，请你运用学到的淘宝客推广知识帮小刘掌柜做淘宝客推广活动。

实训一：为网店开通淘宝客。

实训二：为网店创建定向推广计划。

实训三：为创建的定向推广计划招募淘宝客。

项目四 网店客服管理

项目简介

　　网店客服管理在店铺运营中起着非常重要的作用，随着社会的发展，消费者除了对商品的质量有要求之外，对客户服务质量的要求也越来越高。学生通过学习网店客服管理，能够了解电商客服的基本职责和工作内容，能够用优秀客服的六步法来解决实际问题，掌握售前和售后客服技巧，进一步提高网店的客服水平，为网店创造更大的价值。

项目目标

　　（1）能理解电商客服的基本职责。
　　（2）明确电商客服的工作内容。
　　（3）熟练运用优秀客服的六步法。
　　（4）熟练掌握沟通技巧和导购技巧。
　　（5）能够解决顾客投诉和中差评问题。
　　（6）树立基本电商客服从业意识。

任务一　客服管理基本知识

任务介绍

　　在这一任务中，我们将学习电子商务客服的一些基础知识，使同学们对电子商务客服有基本的认知。通过活动一使学生理解电商客服的工作内容与职责，理解电商客服在店铺中的重要性；通过活动二学习优秀客服的六步法，提高客服的服务技能和水平。

活动一　认知电商客服的工作内容与职责

活动描述

　　小王想管理好自己的店铺，他意识到网店客服在店铺运营中发挥着重要的作用。于是，他一方面在网上认真学习客服方面的知识，另一方面到优秀的网店学习客服管理知识，以便更好地指导自己的客服团队开展工作。

第一步：了解电商客服的工作内容。

小王来到一家优秀的电商企业学习客服管理知识，公司客服主管小李首先向他详细介绍了电商客服的工作内容。听了介绍，小王对电商客服的工作有了一个初步的了解。

知识链接 》》　　　　　　　　**电商客服的工作内容**

1）及时做好来询客人导购服务，解答客户相关提问，并促成订单，完成销售。

2）熟悉淘宝的各种操作和规则，处理客户要求，修改价格，管理店铺商品上下架等。

3）做好意向客户的跟踪服务并积极解决客户问题，努力达成交易。

4）掌握熟练的服务技巧，以良好的心态及时解决客户提出的问题和要求，提供售后服务并能解决一般投诉。

5）配合网店做站内和站外的推广宣传，运营各种沟通群及论坛，从而更好地宣传、推广店铺。

6）做好每天的淘宝客服工作表单（发货文档、售后文档）。

7）负责商品进库、出库、发货包装。

8）按照要求对商品进行包装，负责物流方面的事宜，清点库存，核对面单，确保商品货号、数量准确无误。

9）登记商品出库记录及其他样品出库记录，定期核对库存，进行盘点。

10）负责退换货商品的签收、验货、登记、整理、返仓操作，快速准确地反馈每日退换货数据。

小贴士 》》　　　　　　　　**电商客服的分类**

1．售前客服

售前客服工作包括通过旺旺和电话解答客户提出的问题。

2．售后客服

售后客服主要负责处理日常工作中出现的售后问题及客户投诉，维护客户关系。

想一想　　根据电商客服的工作内容，请同学们想一想，哪些是售前客服的工作内容，哪些是售后客服的工作内容。

第二步：理解电商客服的职责。

接下来，客服主管小李向小王详细介绍了挂在墙上的电商客服工作职责图，如图4-1所示，由此可以看出客服对于网店的重要性。

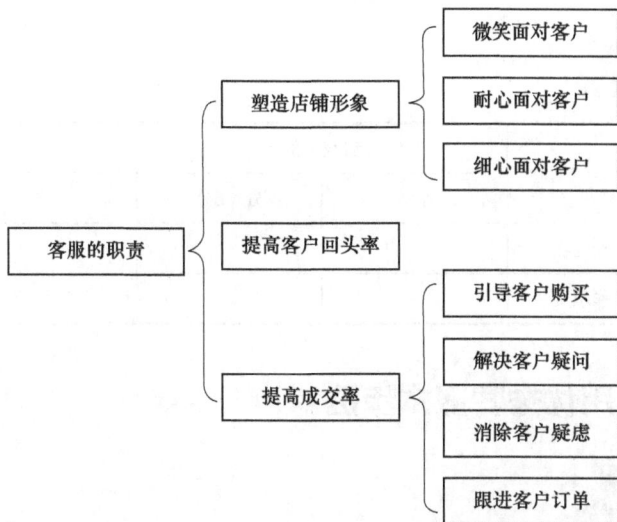

图4-1 客服的职责

（1）塑造店铺形象　在一个单一的网上店铺，如果客户只能看到商品的图片及文字介绍，不能直接接触到商家本人和商品本身，无法了解各种实际情况，那么往往就会产生距离感和疑惑。这时，网店客服就显得尤为重要了。客户通过与客服在网上交流，可以逐步地了解商品以及商家的服务细节，客服的一个笑脸或者一个亲切的问候，都能让客户真实地感觉到是在与一个善解人意的人沟通，而不是在跟冷冰冰的计算机和网络打交道。这样会帮助客户放松，减轻戒备心理，从而逐步在客户心中树立的良好形象。

（2）提高成交率　很多客户都会在购买之前向商家询问商品的具体情况，如优惠措施、售后服务等。客服在线解答客户的疑问，可以让客户及时了解需要的信息，达成交易。

有时，客户不一定对商品本身有疑问，仅仅是想确认商品描述是否与事实相符，这时在线客服的及时回复可以打消客户的很多疑虑，促成交易。

同时，对于一个犹豫不决的客户，一个有着专业知识和良好销售技巧的客服，可以帮助其选择合适的商品，促成购买行为，从而提高成交率。

有时客户拍下商品，但不一定是急需品所以未及时付款，这时在线客服可以通过向客户询问付款方式等方法促进客户及时完成交易。

（3）提高客户回头率　当客户在客服的良好服务下完成一次交易后，客户不仅了解了商家的服务态度，也对其商品、物流等有了切身的体会。当客户需要再次购买同样商品的时候，就会倾向于选择他们所熟悉和了解的商家，从而提高客户回头率。

议一议　同学们，如果客户在店里买了商品，因为未能在约定的时间收到货，提出要退款退货，这是不是电商客服的责任呢？

评价项目	自我评价		教师评价	
	小结	评分（5分）	点评	评分（5分）
1. 能说出电商客服的工作内容				
2. 能理解电商客服的工作职责				

活动二　运用优秀客服六步法

活动描述

　　小王了解了客服的工作内容和职责后，又向客服主管小李进一步咨询了如何打造一支优秀的客服团队，以提高店铺销售业绩。小李毫无保留地向小王介绍自己公司这方面取得的一些成绩与经验，下面与小王一起来学习优秀客服的秘籍吧。

活动实施

　　小王在与客服主管小李沟通时，恰好有位顾客向客服小南询问一款碎花连衣裙，于是小王记录下了他们的对话。

情景对话 》》　　　　　　　　**小南的客户服务案例**

第一步

顾客：亲，在吗？

小南：亲，您好！欢迎光临本店，本店新款八折限时优惠，请问有什么需要我帮助的吗？

顾客：这款碎花连衣裙的拉链是否为隐形拉链？（对方发过来一个商品链接）

小南：亲，这款碎花连衣裙是有隐形拉链的哦，穿上后完全看不出来。

第二步

顾客：亲，本人身高158厘米，体重96斤，请问是穿S码还是M码？

小南：亲，我们家衣服尺寸偏小，建议您选M码。

第三步

顾客：好的。

小南：亲，您是哪里的？我们的默认物流是申通。

顾客：我是上海黄浦区的。

小南：没问题，能收到的。拍下即可发货。

第四步

顾客：如果不合适，可以退货吗？是否支持七天无理由退货。

小南：亲，本店支持七天无理由退货。

> **第五步**
>
> 顾客：好的，我再考虑一下。
>
> 小南：亲，这款碎花连衣裙现在本店搞活动，限时8折优惠，明天就没有优惠了。
>
> 顾客：好的。我现在就下单，麻烦你尽快发货。（顾客下单并付款）
>
> **第六步**
>
> 小南：跟您核实一下收货人信息和地址，地址是……
>
> 顾客：对，没错。
>
> 小南：好的，马上安排发货，三天左右可以送到，请保持手机畅通，避免快递联系不到您。
>
> 顾客：好的。
>
> 小南：再次感谢您对我们的信任，有问题及时与我们联系哦！（表情笑脸）

小李向小王介绍说，这是他们公司电商客服比较典型的服务流程，体现了电商客服的综合素质，也是他们公司实施优秀客服六步法的结果。接下来小李主管详细介绍了他们公司电商客服六步法的操作方法。

第一步：礼貌欢迎，解答商品相关问题。

当买家来咨询时，先来一句"您好，欢迎光临"诚心致意的问候会让客户觉得有一种亲切的感觉，不能单独只回一个"在"字，让买家感觉你很忙。此外，还可以运用幽默的话语、旺旺的动态表情活跃交谈的气氛，让买家感受到客服的热情和亲切，增添对掌柜的好感，这对交易成功有很大的帮助。客服要在买家来咨询的第一时间，快速回复买家，因为买家买东西都会货比三家，可能会同时跟几家店铺联系，这时候谁第一时间回复，谁就占了先机。

第二步：换位思考，帮助用户选择商品。

买家一旦咨询了客服，就意味着买家对这个商品有购买的意向，在解答了买家关于商品属性的问题后，要是买家在此犹豫一下，而客服没有及时跟进的话，就很有可能导致订单的流失。为了减少这种情况的出现，客服需要主动去帮助买家选择商品，这样买家就会不由自主地开始进入购买的选择阶段。

第三步：选择快递，解答物流配送问题。

当买家选择好了商品后，最好不要停止引导，而要将购买的引导过程进行到最后，选择好了商品之后就是物流的问题了。再一次引导询问"亲，您是哪里的？我们的默认物流是××"。当买家回答我是××地的，主动跟进回答"××地可以到的，一般三天就可以"。后续紧跟着补充"您拍吧，拍完我给您安排发货，今天就能发出的"。

当经历过这三步后，对于商品属性、型号、物流配送；买家都已经没有异议，不过可能还会存在一些其他小问题，如"有质量问题怎么办"，这时就要进行下一步引导。

第四步：服务保障，解答店铺服务承诺问题。

要打造零风险的交易环境，最好将退换货周期延长一点，并且要赠送运费险，退换货无须让买家承担费用，可以消除大多数买家购买过程中的疑虑。

第五步：限时优惠，营造下单紧迫感。

要是经过前面几个阶段的解答，买家还是会犹豫的话，客服不要就此停止服务，因为买家犹豫很可能是因为价格的问题，这时候要告诉买家有优惠券或者是满减活动，还可以说出限时的条件，从而营造营销的紧迫感，促成交易。

第六步：客户下单，核对订单信息无误。

前面五步结束之后，当买家拍下订单付款之后，为了避免出现差错，减少售后的麻烦，一定要先和买家核对一下订单信息与收货地址，避免买家因为粗心选错了型号，或者买家的收货信息有误。

> **练一练**
>
> 一位同学扮演顾客，另一位同学扮演电商客服，尝试运用优秀客服六步法来模拟网上购物情景。

小王学习了客服的管理知识后，开始培训自己的客服团队。在小李的指导下，他的客服团队工作进展顺利，销售业绩节节攀升。

活动评价

评价项目	自我评价		教师评价	
	小结	评分（5分）	点评	评分（5分）
1. 能理解优秀客服六步法的操作要点				
2. 能运用优秀客服六步法解决实际问题				

任务二 提升售前客服技巧

任务介绍

售前客服是与客户直接交流的重要角色，在这一任务中，我们将学习售前客服的相关知识，使大家进一步提升售前客服的技巧。通过活动一，学习售前客服如何与客户进行有效的沟通，包括阿里旺旺和电话两种沟通方式，从而达到售前沟通顺畅的目的；通过活动二，掌握网店导购技巧，尽可能地实现关联销售，提高询单转化率和客单价；通过活动三，解答售前客服常见问题，有效促成网店交易的完成。

活动一 沟通技巧

活动描述

随着网购方式的多样化和便捷化，网购人群日益庞大，售前客服作为店铺形象的第一体现人，其工作岗位越来越重要，工作压力也与日俱增。小王的淘宝服装店也不例外，经过前面客服管理知识的学习，他对自己的客服团队加强了管理和培训。首先，他对售前客服的工作进行调整和优化，无论是用阿里旺旺还是用电话与顾客进行沟通，都要求客服掌握沟通技巧，说服顾客，提高成交率。下面大家就来看看他是如何提升团队沟通技巧的。

活动实施

第一步：回复热情，快速响应。

高超的技能素质和良好的品格素质是一个优秀的售前客服必须具备的职业素质，而沟通技巧又是售前客服职业技能中最重要的内容，售前客服与客户保持良好的沟通是促成交易完成的重要步骤之一。与客户沟通交流、为客户解惑答疑是售前客服每日的工作内容，他们在这个服务岗位每天面对形形色色的客户，必须要学会如何展开愉快的沟通。

俗话说"良言一句三冬暖，恶语伤人六月寒"，短短的欢迎语能产生意想不到的效果。小王要求客服要对进店咨询的买家先回复一句"您好，欢迎亲光临本店，有什么可以帮助您的吗？"让顾客觉得有一种亲切感，而不是冷冷地回答一句"在"，否则只会给顾客留下冷漠和敷衍的印象。小王深知使用"好""嗯""没"这一类的语言与客户沟通是非常不可取的，要坚决避免出现此类看似回答顾客疑惑却带来极差客户购物体验的沟通和交流，如图4-2所示。

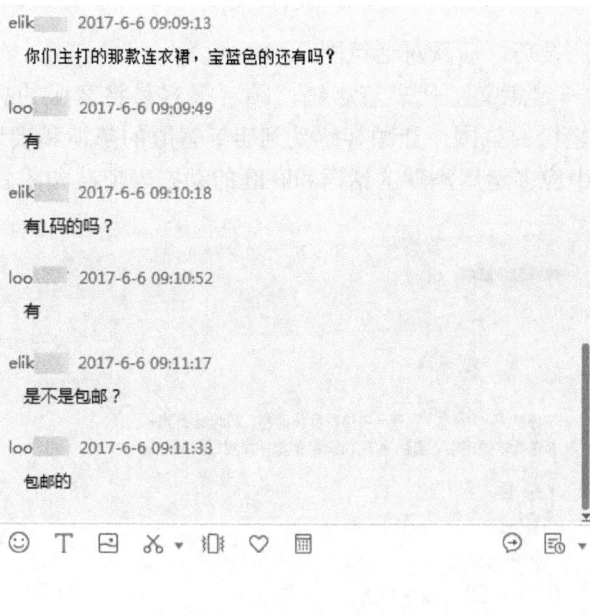

图4-2　冷漠回复顾客

知识链接 »　»　客户购物体验

顾名思义，客户购物体验就是客户购买商品过程中最直接的感受。这种感受包括操作习惯、使用后的想法、情感体验等。电子商务的行业本质，决定了客户体验的重要性，对于客户而言，电商企业的商品在某种意义上是虚拟的，因而客户体验就显得尤为重要。提升客户购物体验实际上就是了解、挖掘消费者个性化的需求，并且满足这种需求。

同学们，假如客户在网店购买了一件牛仔连衣裙，店铺客服可以如何提升客户的购物体验？

若是回头客上门咨询商品，为了让老顾客感受到店铺的良好服务，客服可用不一样的回复来回应对方，如图4-3所示。

elik　2017-6-8 14:59:15

亲，在吗？

loo　2017-6-8 14:59:45

在的呢　　　亲~欢迎您的再次光临，我是客服小王，有什么
可以帮助您的吗？

图4-3　接待老顾客

第二步：运用交流技巧，活跃对话氛围。

小王认为客服在一定意义上代表着店铺，顾客很容易将客服的态度等同于整个店铺的态度。为营造和谐轻松的氛围，让顾客感受到店铺客服的热情和亲切，增加对掌柜的好感，客服在沟通过程中应多运用幽默的话语和旺旺的动态表情，如图4-4所示。

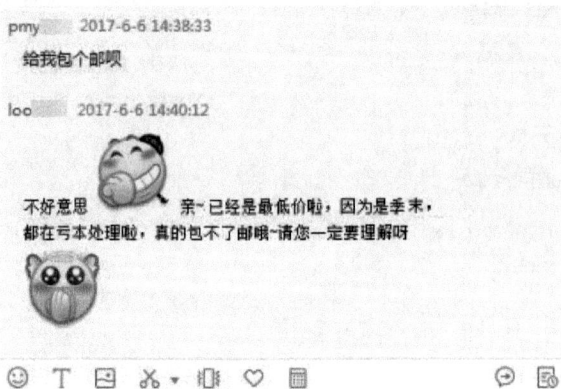

pmy　2017-6-6 14:38:33

给我包个邮呗

loo　2017-6-6 14:40:12

不好意思　　　亲~已经是最低价啦，因为是季末，
都在亏本处理啦，真的包不了邮哦~请您一定要理解呀

图4-4　善于运用旺旺表情

当然文字使用要适量，太多的文字描述会让顾客抓不住重点。客服人员应在与顾客交谈中经常使用"亲""咱们""好的哦"等词语，通过称呼创造一种交谈的亲切感，从源头上消除顾客的抵触心理，从而提高询单转化率。

知识链接　　　询单转化率

询单转化率是进店咨询最终下单的人数占进店咨询人数的百分比，即询单转化率=付款下单人数/咨询人数。比如一天之内有50个顾客向客服咨询商品信息，其中只有25个顾客下单购买，那么这位客服一天的询单转化率就是50%。从上面的公式可以看出，决定询单转化率的因素有两点：付款下单人数和咨询人数。询单转化率是对客服整体能力的考验，顾客既然进店咨询客服，说明顾客已经有购买意向，询单转化率的高低在一定程度上与客服的专业知识、促销信息掌握、销售技巧、服务态度等密切相关。

想一想

请同学们列举三个能让顾客感受到自己被尊重的词语。

第三步：使用灵活性语言，保持良好沟通。

小王要求客服在与顾客进行沟通时，尽可能保持语言上的灵活性。如图4-5所示，面对顾客冷淡的回答，客服先是肯定顾客的意见，然后用"不过"进行转折，积极为顾客介绍店铺的新商品，使销售过程得以顺利进行。

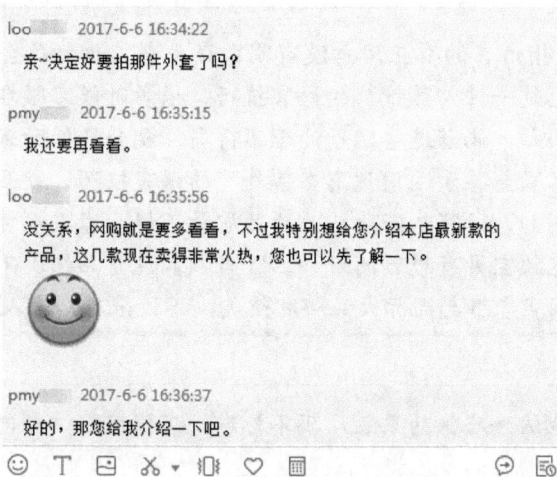

loo   2017-6-6 16:34:22
亲~决定好要拍那件外套了吗？

pmy   2017-6-6 16:35:15
我还要再看看。

loo   2017-6-6 16:35:56
没关系，网购就是要多看看，不过我特别想给您介绍本店最新款的产品，这几款现在卖得非常火热，您也可以先了解一下。

pmy   2017-6-6 16:36:37
好的，那您给我介绍一下吧。

图4-5　灵活回复顾客

面对顾客冷淡的回答，倘若客服只是简单生硬地做出应答，那么便很难激起顾客想要了解的兴趣，销售过程则难以继续开展下去，如图4-6所示。

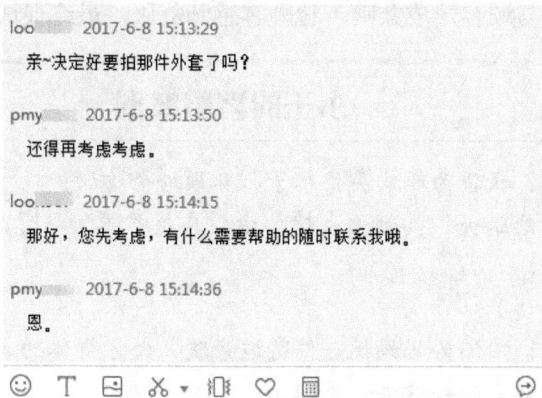

loo   2017-6-8 15:13:29
亲~决定好要拍那件外套了吗？

pmy   2017-6-8 15:13:50
还得再考虑考虑。

loo   2017-6-8 15:14:15
那好，您先考虑，有什么需要帮助的随时联系我哦。

pmy   2017-6-8 15:14:36
恩。

图4-6　简单生硬回复顾客

多用"不过""然而""但是"等转折性词语。客服在与顾客沟通时，经常会遇到顾客表述自己想法的情况。不管这种想法是否合理，客服人员都要首先积极肯定顾客的想法，然后再转折表述自己的观点。这样做的好处是能让顾客感受到自己的想法受到了重视，而客服人员提出的建议也能更好地被顾客接受。

语言表达足够灵活，才能在某种程度上促进顾客下单。小王认为客服在与顾客沟通交流过程中要善于做到"意在言外"。

知识链接 》》　　　　客服如何做到"意在言外"

"意在言外"是指语言的真正用意没有明白说出来，细细体会就知道。它是一种较高的语言境界，也是一种"藏锋"的语言技巧。很多时候客服在与顾客沟通时会碰到一些难以回答的问题，倘若这些问题处理不得当，就会降低顾客的购物体验，从而影响下单。此时，客服要善于运用"意在言外"的语言技巧，表面上是答非所问，实际上是以退为进。例如，顾客武断地认为商品质量不好，客服人员就可以回答："也许您说得对，然而这款宝贝有过万的好评。"当顾客说商品档次不高时，客服人员可以说："这款商品确实很难与国际大品牌相媲美，不过很多知名人士都喜欢它。"

试一试　假如顾客武断地认为店铺的服装尺码不标准，店铺客服该如何"意在言外"地回答对方呢？

第四步：运用同步说话方式，保持沟通同步。

小王深知要想与顾客愉快地沟通交流，关键在于如何让顾客兴致盎然。要想达到这样的效果，客服人员就要选择与顾客相同的说话方式。客服应善于让自己保持与顾客相同的说话方式，从而快速地与顾客形成共鸣，让顾客感到舒服，最终促成买家下单。

情景对话 》》　　　　小王的客服案例

顾客：亲，在吗？我想为妈妈买条裙子，麻烦给个建议！

小王：很高兴为您服务！（献吻表情）亲，真是孝顺父母呀，咱们店铺有多款裙子特别适合送给妈妈！

顾客：好的，麻烦了。

小王：您客气了！咱们为妈妈挑一件舒适亲肤、大方得体的裙子吧。

顾客：对的，我就是想买这样一条裙子。

小王：酷夏天气炎热，舒适透气最重要，对吧？亲。（微笑表情）

顾客：你说得太对啦。

小王：咱们店里的这款裙子是纯棉材质，而且是小店亲自设计的款式，在保证舒适亲肤的同时还能保证款式的独一无二！亲，要不要来一件呢？

顾客：好的，拍一单！

小王：非常感谢您对小店的支持！我们将继续努力，一如既往为您提供高质量的宝贝和优良服务！（献花表情）

知识链接 》》　　　如何做到与顾客说话方式同步

任何一个年龄段的人都有自己的说话方式，客服人员要做的就是尽量与其保持相同的说话方式，确保语言沟通在同一频道，以免出现"鸡同鸭讲"的尴尬场面。如果是年轻人购物，就要用同龄人的说话方式来沟通，以体现青春活力；假如是老年人买东西，就要用老年人的说话方式来沟通，以体现耐心和专业性。

售前客服在介绍商品之前，要先尝试着与顾客聊天，以一种比较随和的方式接近顾客。等到发现顾客的兴趣点后，客服人员再根据顾客的兴趣点来介绍商品，这样易于营造融洽的谈话氛围，最终促使顾客下单。

需要注意的是，并非所有人都喜欢年轻态的网络语言。如果客服人员在与顾客沟通的过程中频繁使用网络语言，很可能会导致对方对所使用的语言不理解，以致让其产生交流存在障碍的感觉，这也是客服人员沟通交流的禁忌。

想一想

情景对话中客服与客户在哪个地方进行了用语同步？请写出交谈同步语。比如：孝顺。

活动评价

评价项目	自我评价		教师评价	
	小结	评分（5分）	点评	评分（5分）
1. 能掌握客服常用话术				
2. 学会活跃对话氛围				
3. 能用灵活性语言进行沟通				

活动二　导购技巧

活动描述

引导顾客下单购物是售前客服最重要的日常工作。售前客服体现着店铺形象，在未深入了解网店商品前，顾客对店铺的感知在很大程度上源自客服人员给他的第一印象。售前客服良好的导购服务可以提高店铺知名度，为店铺培养忠实的顾客群体。最近小王的店铺询单转化率有所下降，为了解决订单流失问题，他带领团队成员观摩和学习其他优秀网店的导购活动，学会了从定位顾客需求、抓住顾客心理、推动关联销售等方面进行售前导购工作。下面看看他是如何实施的。

活动实施

第一步：倾听顾客陈述，询问顾客需求。

一般情况下，顾客进店咨询客服，就意味着顾客对店铺的商品具有一定的购买意向。倘若售前客服盲目地推荐商品，会使顾客产生厌烦感，容易造成订单流失的现象。此时小王会认真倾听顾客的诉说，在顾客的话语中把握其需求的关键词，准确定位顾客的购买需求，从而有针对性地向顾客推荐店铺商品，如图4-7所示。

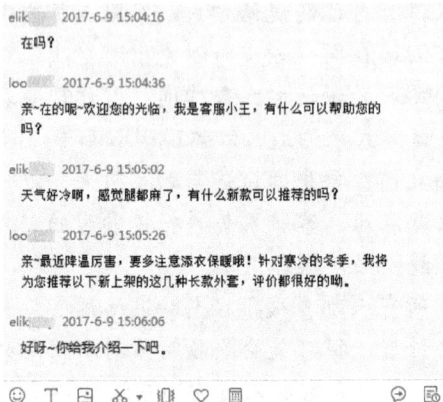

图4-7　准确定位顾客需求

想一想

图4-7对话中，客服人员是如何定位顾客需求的？

有一种情况就是顾客非常缺乏主见，总是停留在两个商品上而无法取舍。面对此类患有"选择困难综合征"的顾客群体，小王认为应该引导性地帮助顾客来选择她们自己更喜欢的宝贝，如图4-8所示。

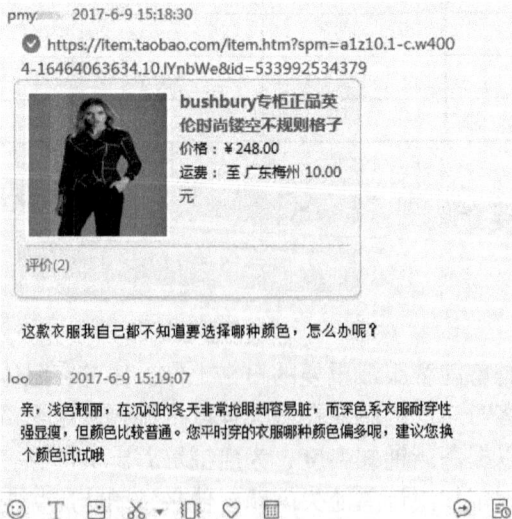

图4-8　引导顾客选择商品

知识链接 » »   询问顾客的技巧

（1）询问顾客购买用途　售前客服在导购时首先应该思考的问题是顾客为什么要买这个商品。了解了顾客购买商品的用途，售前客服才能有针对性地展开导购工作。以购买连衣裙为例，倘若顾客是自己穿，可能会更注重实用性和价格，假设是送人的话可能会更加注重外观、包装等因素。

（2）询问顾客购买预算　询问顾客购买预算要讲究技巧，因为当被问及这个问题时有些顾客会认为售前客服在怀疑其经济能力，容易让顾客感觉不愉悦从而中断购买行为。但是售前客服如果不清楚顾客的购买预算，则难以选择适当价位的商品推荐给顾客，因此，售前客服要学会循序渐进地询问顾客的购买预算。例如，售前客服可以先咨询顾客对某一些品牌有没有喜好，问问顾客对于质量有什么要求，经过这些提问大概可以确定顾客的消费区间，最后再询问商品价格在某一区间范围内是否可以接受。

（3）询问顾客对商品的特殊需求　顾客在产生购买欲望的同时，一般也会对自己想要购买的商品有一定的期望。售前客服可以根据顾客的特殊需求，筛选出符合其要求的商品推荐给顾客。例如，女性朋友在购买衣服时，有些人希望做工精美、纯棉材质，有些人希望款式新颖、与众不同，有些人则想要购买明星同款。

练一练

自己充当顾客到其他服装网店购买商品，看看他们是如何询问顾客需求的。

第二步：抓住顾客心理，促进下单。

小王认为，如果售前客服能在导购过程中牢牢把握顾客买便宜心理和买不到心理，便离成功更近一步。例如："这个活动仅此一天，明天就恢复原价啦。""这个商品是限量发售的，只有100件供顾客购买，先到先得，请把握良机。"

知识链接 » »   顾客心理机制

买便宜心理是指顾客常常对商品促销打折等活动抱有强烈的好感，以低价的方式促成顾客对商品的购买在客服销售中是极为常见的。针对顾客的这种心理，售前客服应从价格方面着手推销商品。

买不到心理是指顾客一旦看中某件商品，担心货品紧缺导致买不到心仪的商品，从而感到着急的心理状态。为避免这种情况的发生，顾客往往会立刻购买。这就是人们常说的，越得不到的东西越想拥有。针对顾客的此种心理，售前客服可以从商品的稀缺性着手推销，从而促成交易。

想一想

假设店铺在做"端午放价，全场包邮"活动，应该如何利用顾客心理进行推销？

第三步：推荐关联商品，提高客单价。

为了提高店铺的交易总额，小王采用了大部分网店都会使用的关联销售促销方式，它可以提高流量的利用率，让访客流量在店铺内部流动起来，增加店铺其他商品的展现和成交机会，让更多优质的商品吸引顾客，如图4-9所示。

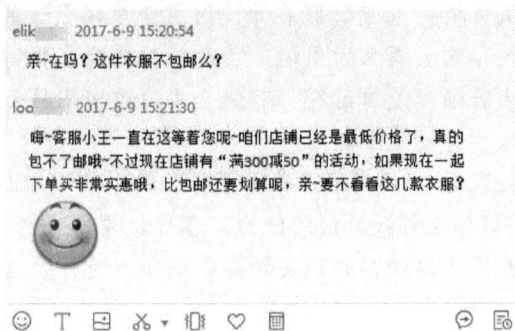

图4-9　关联销售

知识链接 》》　　　　　关联销售

所谓关联销售是指在顾客购物过程中推荐关联商品给顾客。而关联商品必须与顾客购买的商品有一定联系，并且具有方便顾客购买和增加主力商品销售量的作用。就像在实体店购买手机，导购员会相应地介绍手机保护膜和手机套一样，这种迎合消费者求实惠心理的销售方式在网店同样适用。

但是在关联销售过程中，售前客服要注意以下几点：①关联商品的价值和作用不能高于主力商品。例如顾客在网店买了奶瓶，合情合理的关联商品必然是与这个奶瓶相关的奶瓶刷或奶瓶清洗液等商品，这些商品不仅价格便宜，还能使主力商品使用起来更加方便。②同时购买关联商品与主力商品在价格上应该有一定的优惠。例如，顾客只购买一个女背包是100元，单买零钱包是35元，但这两件商品搭配起来购买时为120元。还有一种情况就是涉及运费问题，如顾客在购买了关联商品后，可以享受店铺包邮的优惠活动。

不管如何，小王在对顾客进行关联销售时，一定会站在对方的角度考虑和劝说，让顾客深切感受到关联商品的实用性，尽量不让顾客感觉是在刻意推销。

小贴士 》》》

关联销售特别适合宝贝单价比较高、点击率转化比较低的店铺，做好关联销售可以打通单品和店铺之间的流量，实现店铺整体销量最大化。

试一试　　小王的店铺有一批库存较大的短袖上衣和七分短裤，请想想客服人员该如何利用"夏季清凉换新"的主题活动进行关联销售。

活动评价

评价项目	自我评价		教师评价	
	小结	评分（5分）	点评	评分（5分）
1. 能准确定位顾客购买需求				
2. 能把握顾客消费心理				
3. 能归纳关联销售小技巧				

活动三　售前客服常见问题解答

活动描述

　　通过改善售前客服的沟通技巧和导购技巧，小王的店铺的客单价得到提升，店铺整体经营状态好了许多。为了让这种状态持续下去，小王归纳总结了一些顾客在购物前经常会问到的关于商品、服务、促销等方面的问题，并尝试着对这些常见问题进行解答，形成规范化的模板，以供店铺的售前客服学习使用。下面我们一起看看他是如何操作的。

活动实施

　　第一步：掌握顾客对商品存在疑虑问题的解答。

　　小王在经营网店时发现总是有顾客在购物前对商品存在种种顾虑，后来他换位思考得出结论，因为网购是看不见摸不着实物的交易过程，顾客难免会对商品质量存在一定的疑虑，尤其是对于店铺的特价商品，顾客的疑虑会更重。因此，小王认为学会消除顾客对商品的疑虑非常重要，只有打消顾客的疑虑，才能有效推动网购交易顺利完成，如图4-10所示。

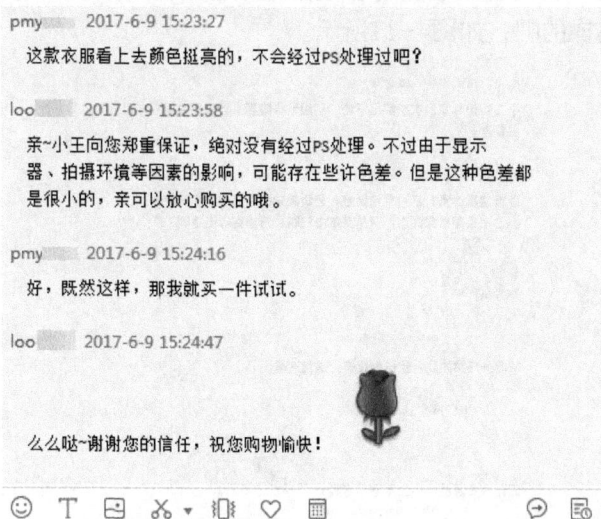

图4-10　消除顾客对商品的疑虑

知识链接 》 》 　　　　　　**如何解答顾客对商品存在疑虑的相关问题**

　　（1）消除顾客对商品质量的疑虑　很多顾客都会对一些商品，尤其是特价商品的质量存在疑虑。售前客服可以告诉买家不管是特价商品还是正价商品，质量都是一样的，都是同一批货，还可以告诉顾客这款商品搞特价的原因，如店庆或促销等，请顾客放心购买。

　　（2）消除顾客对商品色差的疑虑　对于衣物、鞋包之类的商品，顾客对色差的疑虑会更大，因此售前客服要善于打消顾客对色差问题的疑虑。如果店铺拍摄的商品图片没有经过任何处理，那么售前客服可以如实告知买家。但即使是最正常的拍摄也可能出现色差，此时客服人员可以告诉买家由于显示器的显示效果、拍摄环境等因素的影响，商品可能存在些许色差。售前客服要尽量让顾客感受到自己的真诚，从而打消顾客疑虑，促使其尽快下单。

　　（3）消除顾客对商品尺码的疑虑　很多顾客在网购时都会被"尺寸与描述不符"这个问题困扰，因此顾客在下单前会再三询问关于商品尺寸的问题，这种现象在鞋子、衣物等类目中更为凸显。当买家提出尺寸问题时，售前客服打消这一疑虑最好的方式就是告知顾客自家商品的尺寸标准，如均码、欧美码数等，最好附上详细的尺寸对应表。同时要告知顾客由于测量工具的不同，可能存在些许误差，建议买家根据自身情况进行尺寸选择。

试一试　　　如果你是售前客服，该如何解答顾客认为商品品牌不值得信任的问题？

　　第二步：掌握对顾客讨价还价问题的解答。

　　不管是实体店购物，还是在网上购物，顾客群体都广泛存在一种讨价还价的消费习惯。小王清楚地知道，售前客服既要巧妙地拒绝顾客还价又要说服对方下单是一门艺术，下面看看他是如何实操的吧，如图4-11所示。

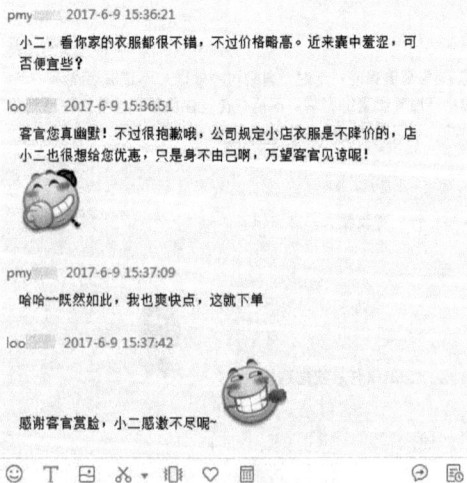

pmy　2017-6-9 15:36:21
　　小二，看你家的衣服都很不错，不过价格略高。近来囊中羞涩，可否便宜些？

loo　2017-6-9 15:36:51
　　客官您真幽默！不过很抱歉哦，公司规定小店衣服是不降价的，店小二也很想给您优惠，只是身不由己啊，万望客官见谅呢！

pmy　2017-6-9 15:37:09
　　哈哈～既然如此，我也爽快点，这就下单

loo　2017-6-9 15:37:42
　　感谢客官赏脸，小二感激不尽呢~

图4-11　拒绝让价

知识链接 》》 售前客服拒绝让价的技巧

（1）公司规定不让价 当买家提出让价建议时，售前客服可以利用公司规定不让价作为挡箭牌来拒绝让价。客服人员采用此种拒绝方式要注意说话语气不能生硬，要尽可能地保持语气柔和，说明自己的难处，方能让顾客心甘情愿地接受。

（2）单件商品不让价 当买家提出让价要求时，售前客服不要立即拒绝，而是要循序渐进地进行。例如，客服人员可以向顾客表明店铺规定购买单件商品不让价，倘若购买多件即可享受折扣，如此就能达到委婉拒绝让价的效果。不过客服人员应清楚地告知顾客所需要购买的数量及让价的幅度，这样做既可以让顾客感觉真实可信，又可以再次表明不让价的决心。

（3）增加附加值不让价 拒绝让价会给顾客购物带来不愉快，售前客服要善于取悦顾客，比如承诺赠送礼品给顾客，通过增加商品附加值的方式，分散对方的注意力，激发顾客的购买欲望。

想一想

同学们，假设店铺客服没有议价权限，而顾客说"我想买这条短裙，不需要店里赠送的小礼品，能不能再便宜一些？"此时客服应该如何回复顾客？

第三步：掌握顾客对物流存在疑虑问题的解答。

是否包邮、发货速度快慢等物流方面的问题，是网购一族经常考虑的问题。小王发现即使店铺在商品介绍页面给出包邮的提示，顾客依旧会对是否包邮心存疑虑。此时小王会根据实际情况进行措辞，以促使顾客下单，如图4-12所示。

图4-12 消除顾客对物流的疑虑

知识链接 》》　　　　　如何解答顾客对物流存在疑虑的问题

（1）消除顾客对运费问题的疑虑　　如果顾客对店铺规定包邮的商品表现出疑虑，客服人员可以直接用温和的态度或幽默的方式强调商品是包邮的。如果商品不包邮，售前客服应该真诚地告知对方并取得谅解。客服人员可以用"可怜"的语言说明不包邮的原因，以博取顾客的"同情"，也可以采取幽默的方式转移顾客的注意力，促使对方成功下单。

（2）消除顾客对发货时间的疑虑　　拖延发货时间，是很多买家非常厌烦的事情。顾客在谈论发货问题时，往往会谈及自身不愉快的购物经历。售前客服首先要认同买家的感受，尊重对方的观点。同时要想成功消除顾客对发货时间的疑虑，客服人员就要善于展示店铺的实力，如店铺货源充足、队伍强大，可以保证第一时间发货。这种实力的展示可以增加顾客对于店铺准时发货的信任，从而乐意下单。

（3）消除顾客对物流公司的疑虑　　对于水果、鲜花之类的商品，顾客对物流速度、物流质量等会有更高的要求和期待。此时客服人员可以告诉买家，店铺已选择最佳的几家物流伙伴进行合作，并且物流因地而异，店铺会根据顾客的收货地址选择最快捷的物流公司，确保商品能在第一时间内送到顾客手中。这是售前客服消除顾客对物流速度不信任的最佳手段。

想一想　　假设顾客担心购买的易碎品在运送过程中受到损坏，作为售前客服你该如何解答呢？

第四步：掌握顾客对售后服务疑虑问题的解答。

很多顾客在网购时，都会考虑自己能否得到良好的售后服务，例如商品是否可以包退换，当然大部分商品可以支持7日内退换货，但也有部分商品因情况特殊而不支持退换货。小王认为无论哪种情况，售前客服都要恰当运用沟通的技巧，消除顾客的疑虑，如图4-13所示。

图4-13　消除顾客对售后服务的疑虑

知识链接 » »   **如何解答顾客对售后服务存在疑虑的问题**

（1）消除顾客对商品退换问题的疑虑　对于商品特别是对于一些贵重商品来说，是否退换直接决定着顾客能否下单。售前客服要强调自家店铺商品退换的相关规定，如告知顾客商品包退换的范围以及原则，积极消除顾客此类疑虑。假设是食品、香水之类不包退换的商品，售前客服也应该保持良好的态度，真诚地告知顾客由于商品自身特性才导致不能享受包退换服务的，这也正是基于保证每个消费者利益才采取的措施。

（2）消除顾客对商品保修的疑虑　许多顾客在购买家电类、数码类商品时都会考虑能否保修。售前客服要把商品保修范围等相关规定告知顾客，让买家对商品的保修有更全面的了解。此外，客服人员还要向顾客展示店铺强大的保修能力，如商品支持全国联保或此品牌在全省每个市县均设有保修网点。

练一练

同学们，当顾客怀疑售后问题不能及时处理时，售前客服该如何解答？

评价项目	自我评价		教师评价	
	小结	评分（5分）	点评	评分（5分）
1. 能运用解答顾客对商品存在疑虑问题的知识				
2. 能掌握解答顾客对物流存在疑虑问题的技巧				
3. 能归纳解答顾客对售后服务存在疑虑问题的要点				

任务三　提升售后客服技巧

任务介绍

在这一任务中，我们将学习如何做好售后客服，并提升售后客服技巧。通过活动一，学习如何妥善解决客户投诉问题，并使之最终圆满解决。通过活动二，学习如何妥善解决中差评问题，化解店铺信誉危机。通过活动三，学习如何谨慎解决退换货问题，做好售后服务工作。通过活动四，学习维护良好客户关系的方法，提高客户的黏性，以便更好地开展营销活动。

活动一　妥善解决客户投诉

活动描述

小王在经营自己的服装店的过程中，遇到了不少客户投诉。他深知客户投诉对店铺信誉的影响，于是对客户投诉进行了分类，并进行分析，提出了自己的解决方法。
下面我们一起看看他是如何操作的。

活动实施

第一步：面对投诉，第一时间响应，了解投诉缘由。

小王在经营店铺的过程中，遇到了形形色色的客户，客户投诉的原因也各不相同。案
例再现：深夜11点，小王突然发现有一位买家进行了投诉，投诉的原因是商品质量有瑕
疵。于是，小王第一时间与这位买家进行了沟通，如图4-14所示。

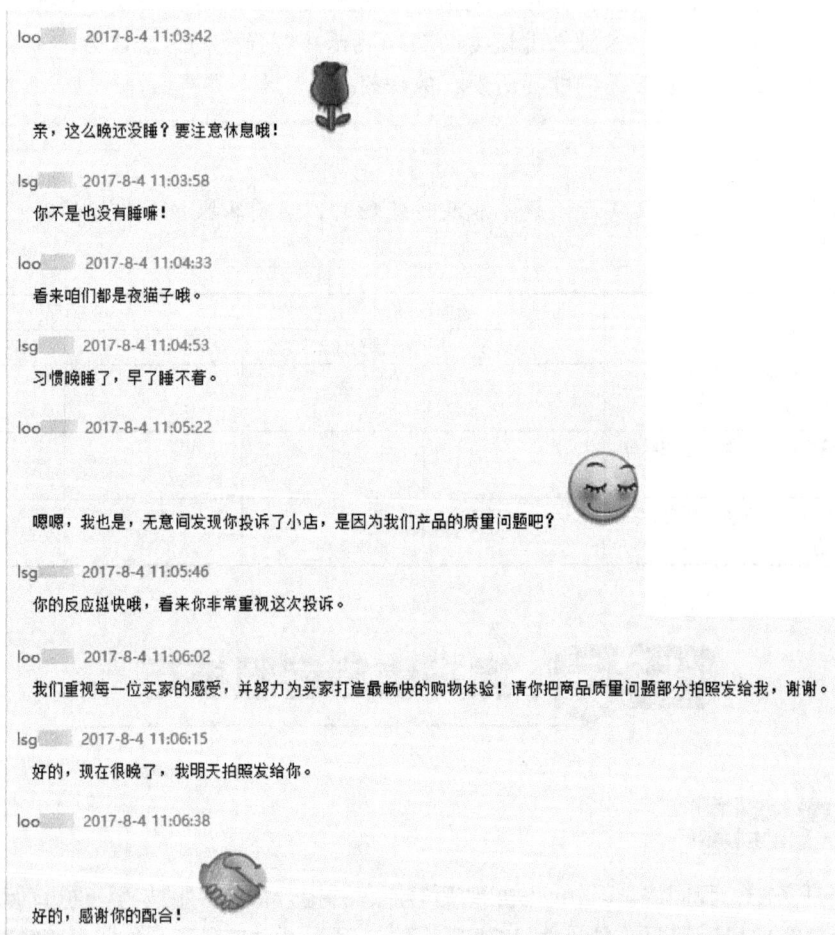

图4-14　客服与客户的关于投诉的聊天记录

在网购中，买家在感到不满意时，除了会做出中差评，还会进行投诉。中差评对于店
铺的发展来说影响是很大的，而投诉对店铺的影响同样很大，如果处理不好，将对店铺的
发展带来很大损失。要想处理好买家投诉，客服人员首先要做的是第一时间联系买家，及
时对问题做出处理。小王在收到投诉后，第一时间联系买家并协商处理。这样做会让买家
感受到自己是被尊重的，从而为让买家撤诉做好铺垫。

客户投诉店主的原因主要有以下几个，如图4-15所示。

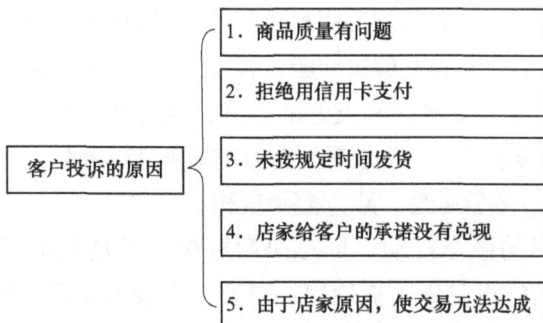

图4-15 客户投诉的原因

　　第二步：面对客户，诚恳沟通，分清双方的责任。

　　第二天，买家拍照发回来了有瑕疵衣服的细节图片。通过图片，小王看到，发给买家的衣服的确有破损，布料上断了几根线，影响了整体外观形象。于是小王主动与对方交流，如图4-16所示。

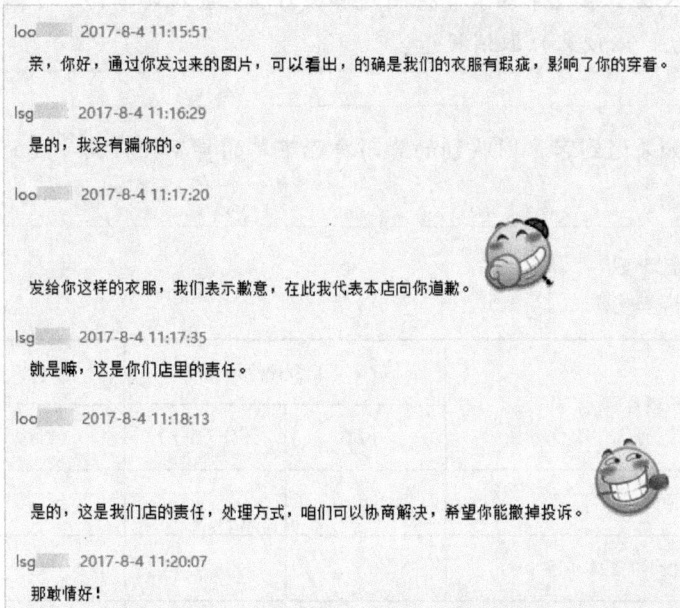

图4-16 客服与客户关于责任的聊天记录

通过小王诚恳的沟通，买家同意协商解决问题，局面得到扭转，对方有望撤销投诉。所以，能不能让买家静下心来协商解决问题，客服人员的态度起着很关键的作用。要想买家撤销投诉，客服人员就要拿出谦和友好的态度，诚恳地与对方沟通，如果是自己的责任，明确告诉对方，并表示歉意，争取得到对方的谅解，协商处理问题。

第三步：针对问题，妥善处理，双方握手言和。

小王看买家被自己的诚意打动，同意协商解决，于是提出了免费换一件衣服给对方，同时给对方10元的优惠券供下次使用，对方马上表示同意，同时撤销了投诉。小王在这次处理买家投诉过程中，积极主动，态度诚恳，最终赢得买家谅解，圆满处理了这次投诉。

知识链接 » **处理客户投诉的基本原则**

（1）预防性原则　在销售商品的时候，应不断提高客服的素质和业务能力，减少投诉的发生，尽量让客户满意。

（2）及时性原则　当遇到客户投诉时，客服应主动快速处理，拖延时间只会让客户不满，加大解决问题的难度。客服应耐心与客户交流，不要与客户针锋相对，否则双方关系势必恶化，对解决问题毫无帮助。所以，沟通时要注意措辞，态度要诚恳，不要冲动，否则会造成双输的局面。

（3）责任性原则　问清客户是哪个环节出了问题，找到客户投诉的原因。如果是自己的责任，不必狡辩，主动承担；如果是买家的责任，提出合理的方案，妥善解决。

（4）管理原则　在处理比较复杂的问题时，要详细了解发生问题的过程及缘由，记录好时间、人物、经过等细节，待问题解决好以后要及时回访，了解客户对处理结果的态度和看法，以便客户取消投诉。

想一想

同学们，如果遇到客户因收到的货与自己下单的货不相符而导致的投诉，你该如何处理呢？

活动评价

评价项目	自我评价		教师评价	
	小结	评分（5分）	点评	评分（5分）
1. 了解客户投诉的原因				
2. 能归纳处理客户投诉的基本步骤				
3. 掌握处理客户投诉的基本原则				

活动二　妥善解决中差评问题

活动描述

　　小王的服装店在实际经营过程中，也遇到一些中差评问题，他深知客户中差评对店铺信誉有巨大的影响，有的可能会对店铺造成致命的打击。于是，他带领团队，虚心向优秀网店客服请教，结合自己店铺的实际情况，总结出一些技巧和方法，以妥善地解决中差评问题。下面我们一起看看，遇到买家的中差评，他是如何操作的。

活动实施

　　第一步：第一时间与客户沟通，展现店家的积极态度。

　　案例：一位客户在店里买了一套亲子装，但收到货后发现小孩子穿起来不合身，衣服偏小了点，于是给了中评。小王发现后，第一时间打电话与客户取得联系，与客户共同分析出现问题的原因，并提出了解决问题的办法。下面是小王与客户的部分对话，如图4-17所示。

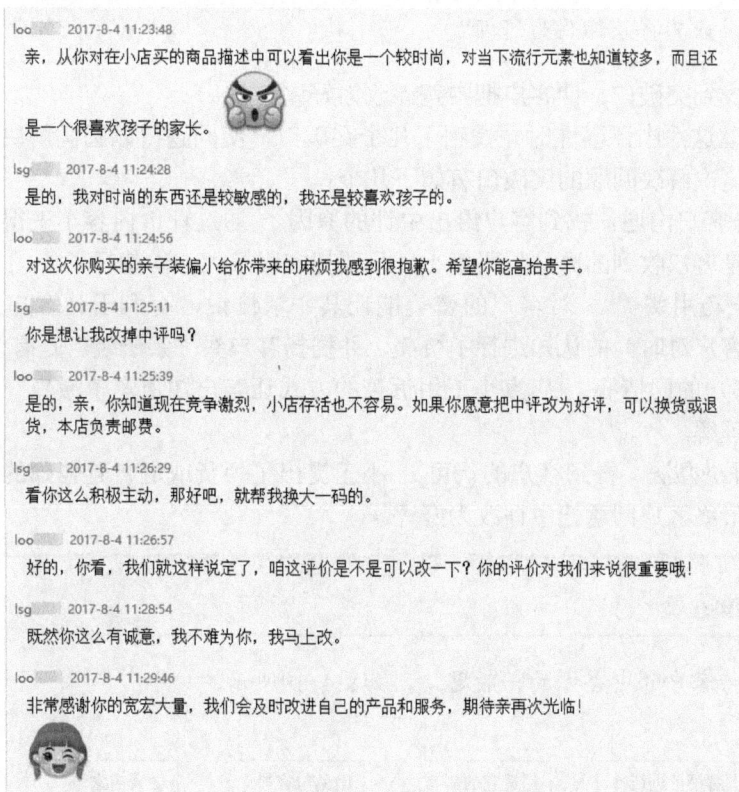

图4-17　客服与客户积极沟通的聊天记录

　　在客户对店家商品做出中差评后，客服要及时处理，因为一般情况下，时间越久越难处理。另外，客户不愿意在修改自己评价上花太多时间，所以客服要第一时间与客户沟通，最好是电话联系，一方面是快速响应，另一方面能体现店家的诚意。

　　第二步：认真分析客户对商品做出中评的原因。

　　针对客户对亲子装给出中评的原因，小王初步对这种情况进行了分析：

从客户对商品的评价中可以看出，她是一位较追求时尚，较有穿衣品位的人，只是对小孩子衣服的尺码大小不是很清楚，拍错了尺码，才导致收到的衣服不合身。

通常，客户给店铺中差评的常见原因如图4-18所示。

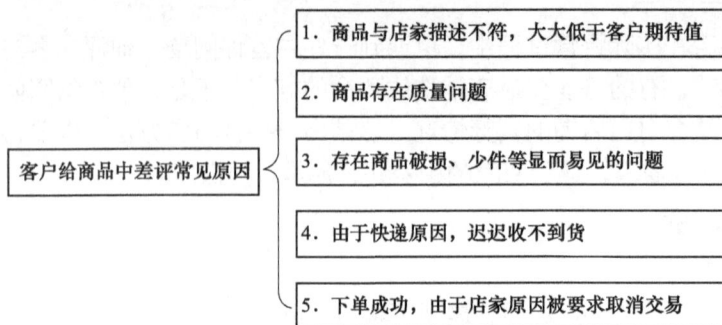

图4-18　常见的中差评原因

如果顾客收到商品后，由于自己的原因而不想要，反而对商品做出差评，你会怎样与之沟通，让其将差评改为好评？

第三步：找到突破口，让客户把中差评改为好评。

小王在处理这件中评事件时，找到了几个突破口，使问题得以圆满解决，让客户将中评改为好评。这次解决问题的突破口有如下几个：

1）及时与客户沟通，找到客户给出中评的原因　通过评价内容小王得知这次得到中评的主要原因是客户收到的商品尺码偏小，只要把衣服换大一码就行了。

2）对客户巧用赞美　对客户的赞美能让其心情愉悦，有利于让客户把中评改为好评。小王针对客户对时尚的认知进行了赞美，并赞扬客户买"亲子装"是有爱心的表现。

3）利用客户的同情心　店家小王用诉苦的方式让客户知道竞争激烈、生意难做，希望得到店家的理解。

4）提出解决办法，得到客户的认可　小王提出了换货或退货且包邮的提议，得到了客户的认可，最终客户同意把中评改为好评。

知识加油站 》》》

客服对待客户的中差评的一般思路，如图4-19所示。

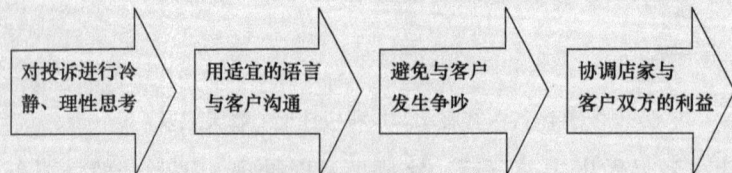

图4-19　客服对待客户的中差评的一般思路

同学们，如果顾客对商品吹毛求疵，找出商品的各种不是之处而给出差评，你应如何处理？

活动评价

评价项目	自我评价		教师评价	
	小结	评分（5分）	点评	评分（5分）
1. 客户对商品做出中差评时，知道如何进行沟通				
2. 能分析客户对商品做出中差评的原因				
3. 掌握解决客户把中差评改为好评的突破口				

活动三 谨慎解决退换货问题

活动描述

　　小王经营的服装店遇到的事涉及方方面面，并不是服装销售出去后就万事大吉了。客观和主观的原因导致客户退换货的情况时有发生，他在解决这类问题时，不但顾及到了客户的情绪，采取委婉的方式对不同的情况做出恰当的处理，还维护了服装店的利益。下面我们来看看他是如何操作的。

活动实施

　　第一步：首先与客户沟通，了解原因。

　　一位客户在小王的店铺买了一条裙子，收到货试穿后发现尺寸小了一点，要求换货，小王先与客户联系了解情况，下面是他们沟通的情况，如图4-20所示。

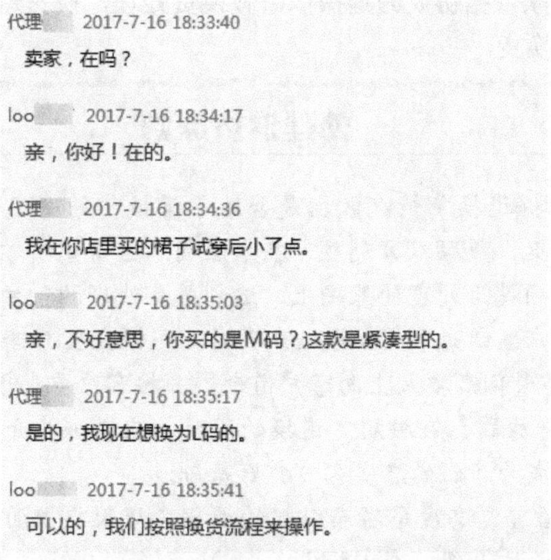

代理　　2017-7-16 18:33:40
卖家，在吗？

loo　　2017-7-16 18:34:17
亲，你好！在的。

代理　　2017-7-16 18:34:36
我在你店里买的裙子试穿后小了点。

loo　　2017-7-16 18:35:03
亲，不好意思，你买的是M码？这款是紧凑型的。

代理　　2017-7-16 18:35:17
是的，我现在想换为L码的。

loo　　2017-7-16 18:35:41
可以的，我们按照换货流程来操作。

图4-20　客服与客户关于退货的聊天记录

同学们，在店铺经营过程中，一般还会遇到什么样的退货情况，请举3个以上例子。

知识链接 » »　　　　　　　　**退换货流程**

退换货是指客户在收到商品后由于对商品的颜色、款式、尺寸等不满意，要求店铺在原价格的基础上退换收到的商品。在处理客户退换货事件时，客服应按照一定的退换货标准和流程进行处理，如图4-21所示。

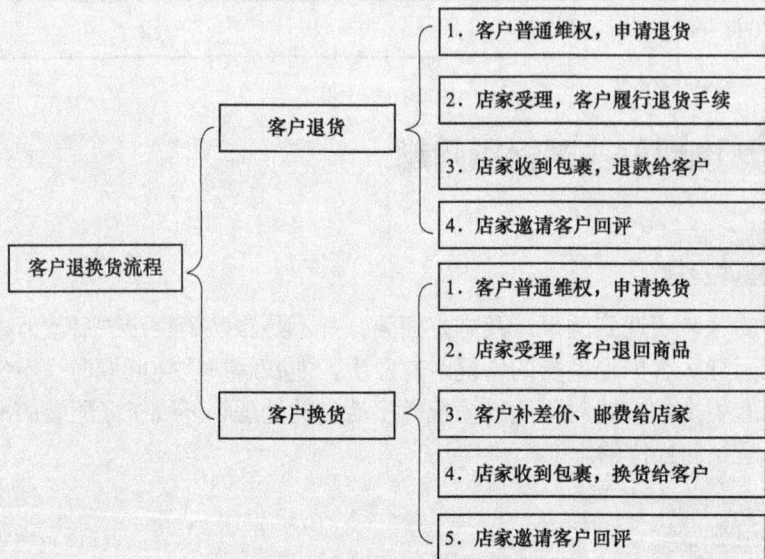

图4-21　客户退换货流程

第二步：分清责任，根据情况做处理。

此次退换货的主要是由于客户自身原因所致，因为裙子买小了，主要责任在客户。根据正常退换货原则，买家依据协议约定操作，做换货处理，换货运费由买家承担。最终小王按照换货流程给客户换货。

知识加油站 » »　　　　　　**处理退货原则**

退货的时候要根据退换货情况做出是否给予退换货的决定，不是客户要退就给退，而应根据实际情况，兼顾双方利益，在方法问题上讲究科学性，在公平问题上讲究合理性，在前面两项灵活处理的基础上，达到关系处理的艺术性。最好做到既能解决问题，又不影响客户继续光顾的积极性。面对不同情况应选择不同的解决方法：

1）如商品存在质量问题要马上向客户道歉，并按客户要求予以退换。

2）如是客户自身原因，在按规定退换的同时，应进一步介绍本店的其他商品及相关商品，为使客户成为店铺的忠实客户打好基础。

3）因工作人员语言、态度恶劣而引起的退货，店长要出面诚恳地道歉，尽量取得客户的谅解，避免矛盾升级，减少损失。

4）客户恶意索赔时，要以正当理由坚决拒绝。

同学们，在商品销售过程中，如果买家收到货后，发现商品外观与自己想象中的不一样，要求退货，作为客服你应如何处理？

第三步：加强业务能力训练，提高素质，减少退换货情况发生。

小王经营的服装店，为了减少退换货的情况发生，要求发货的时候逐个仔细检查商品品质，核对商品信息（名称、规格、数量、重量等）。同时要求客服熟悉商品的质量、特点、规格、优缺点、保养方法等相关内容，以便销售时能给客户提供准确意见和建议，提升客户满意度，减少退换货的发生。客户要求退换货时，客服应理性对待，采取公平合理的方式加以解决，尽量减少与客户之间的矛盾，提供热情周到的服务，为自己的服装店留住更多的回头客。

活动评价

评价项目	自我评价		教师评价	
	小结	评分（5分）	点评	评分（5分）
1. 了解客户退换货的原因				
2. 掌握客户退换货流程				
3. 掌握处理退换货的原则				

活动四 维护好客户关系

活动描述

小王在店铺经营的过程中认识到，良好的店铺运营不但要发展新的客户，还要维护与老客户的关系。在维护客户关系的过程中，小王不断加强与客户的交流，深入了解客户的真实需求，完善商品服务内容，通过与客户建立良好的关系，发现客户价值，增加店铺销量，使店铺获得可观的利润。下面我们来看看他是如何操作的。

活动实施

第一步：收集客户基本信息，建立客户档案。

光顾过小王服装店的客户，都会留下个人相关信息，如手机号码、地址、邮箱、生日和兴趣爱好等。小王通过交易信息和聊天记录，收集每一位客户的信息，因为他意识到对客户的资料掌握越准确，后期的管理越有成效。例如，可以建立客户档案汇总表，见表4-1。

表4-1 客户档案汇总

序号	姓名	联系电话	地址	邮政编码	兴趣爱好	生日	邮箱	购买商品	购买日期
1									
2									
3									

客户关系管理效果如图4-22所示。

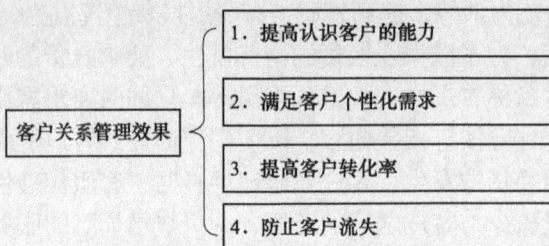

客户关系管理效果
- 1. 提高认识客户的能力
- 2. 满足客户个性化需求
- 3. 提高客户转化率
- 4. 防止客户流失

图4-22 客户关系管理效果

想一想

要在维护好店铺与客户的关系，我们首先应从哪方面着手？

第二步：对客户进行等级划分，加强分类管理。

小王首先对客户进行等级划分，把客户分为普通会员、高级会员、VIP会员等。其次根据顾客购买的金额、频次、周期、客单价等进行分类管理，并给予不同级别的会员不同的优惠。

客户关系管理流程如图4-23所示。

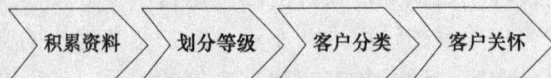

积累资料 〉 划分等级 〉 客户分类 〉 客户关怀

图4-23 客户关系管理流程

议一议

同学们，请你对下面的客户进行等级划分，看他们分别属于哪种会员？
1）客户小张，每月在本店购买一次衣服，平均每次消费280元。
2）客户小李，每周在本店购买一次衣服，平均每次消费250元。
3）客户小刘，每年在本店购买一次衣服，平均每次消费300元。
4）客户小罗，每年在本店购买两次衣服，平均每次消费200元。

第三步：通过客户关怀与营销，提升客户关系。

1）适当的电话回访，会让客户感觉受到重视，不但有利于店家与客户关系的维护，还有利提高客户购买商品的概率。

2）通过QQ、旺旺、短信、邮件等成本较低的联系方式，进行客户关怀与营销推广，包括售后关怀、生日与节假日关怀、购买提醒、促销活动等，加强与客户的沟通，维护好与客户的关系。

知识加油站 》 》　　　　维护好客户关系的注意事项

1）更在乎彼此的关系，而不是一味地想要销售商品。这意味着将与客户的关系放在销售前面，否则有可能丢掉生意。

2）不要太快地表现得太亲密，即使你们非常谈得来，也要循序渐进。

3）弄清楚客户想要什么，需要什么。一开始就推销你的商品，反而会让客户觉得你并不关心他们。

4）不要试图去当一个英雄，拯救客户于水火之中。客户需要的只是你的帮助，然后让他们来当超级英雄。

5）永远不强求。当你追销商品的时候，要记得重要的是与客户保持长远关系，而不是月末的销售数字。

6）永远要做的比说的更好，要尽最大努力提供优质服务。

通过以上三个步骤，小王的客户关系维护日见成效。

1）通过对客户多方面数据的收集，小王对客户的认识更加全面，非常有利于对商品进行推广、营销。

2）有利于满足客户的个性化需求。在客户选择商品时，小王根据客户特点，向他们推荐相关的个性化商品，促进了交易的达成。

3）有效防止了客户流失。小王在经营店铺的过程中，对客户的喜好、需求做到心中有数，对客户区别对待，增强客户的信任，从而达到了减少客户流失的目的。

想一想

同学们，在管理客户关系时，你认为哪个步骤最重要？

活动评价

评价项目	自我评价		教师评价	
	小结	评分（5分）	点评	评分（5分）
1. 知道维护客户关系的重要性				
2. 能总结维护客户关系的步骤				
3. 掌握客户关怀与营销的方法				

项目总结

通过本项目的学习，学生要进一步理解电商客服的职责与工作内容，能运用优秀客服的六步法开展工作，能灵活运用沟通和导购技巧，做好售前客服工作；能妥善解决客户投诉、中差评和退换货问题，维护好客户关系，全面提高客服工作水平，进一步为店铺运营打下坚实的基础，从而保障店铺的可持续发展。

一、填空题

1. 电商客服可以分为_____和_____两大类。

2. 优秀客服的六步法分别是_____、换位思考，帮助用户选择商品、_____、服务保障，解答店铺服务承诺问题、_____和客户下单，核对订单信息无误。

3. 售前客服职业技能中最重要的内容是_____。

4. _____是进店咨询最终下单的人数占进店咨询人数的百分比。

5. 顾客心理机制包括_____和_____。

6. 售前客服常见问题包括_____、_____和_____等问题。

7. 处理客户投诉的基本原则有：预防性原则、_____、责任性原则、_____。

8. 对客户进行等级划分，可把客户分为普通会员、_____、_____等。

二、选择题

1. 以下哪些感受属于客户购物体验？（　　）
   A. 操作习惯　　　　B. 使用心理感受　　C. 使用情感体验

2. 客服可以运用（　　）活跃聊天气氛。
   A. 幽默的话语　　　B. 旺旺动态表情　　C. 冷漠的态度　　　D. 昵称

3. 询问顾客的技巧包括（　　）。
   A. 询问学历　　　　B. 询问预算　　　　C. 询问特殊需求　　D. 询问用途

4. 关联销售的商品需要具备以下作用：（　　）。
   A. 方便顾客购买　　　　　　　　B. 与顾客购买的商品没有联系
   C. 增加主力商品销售量　　　　　D. 迎合消费者求实惠心理

5. 买家办理退货后，客服应该怎么处理？（　　）
   A. 提醒顾客在网上填写发货单　　B. 收到货后检查登记并办理退款
   C. 收到货后联系顾客推荐新款　　D. 以上处理方法都可以

6. 当客户表现出不满，一直在对使用中的产品发牢骚时，电商客服首先应该做的是（　　）
   A. 打断客户的投诉，先发制人
   B. 告知主管，有事发生了
   C. 学会倾听，安抚不满情绪
   D. 与客户辨明事实真相

7. 下面选项中，哪个不属于客户关系管理流程？（　　）
   A. 积累资料　　　B. 划分等级　　　C. 客户分类　　　D. 客户维权

8. 对投诉进行冷静、理性思考，用适宜的语言与客户沟通，（　　），协调店家与客户双方的利益是客服应对客户中差评的一般思路。
   A. 避免与客户发生争吵　　　　　B. 尽量与客户发生争吵
   C. 可以与客户发生争吵　　　　　D. 偶尔与客户发生争吵

三、问答题

1. 小刘在淘宝网上开了一家运动鞋网店，作为网店的售前客服，请你运用所学知识消除顾客对鞋子尺寸、颜色及售后服务的疑虑。

2. 一位客户在淘宝网上的店铺买了一件外套，收到货后，申请退货，假如你是掌柜，你将如何处理？

项目五　网店物流管理

项目简介

　　本项目主要阐述了物流对于网店的重要性，通过学习包装知识和物流选择技巧，学生应进一步了解商品的包装和网店物流方式，降低网店的物流成本；通过学习物流注意事项以及如何避免和处理物流方面的相关问题，学生应能够解决物流效率和物流纠纷等问题，从而提高网店服务质量和知名度。

项目目标

　　（1）了解商品包装所需用到的包装材料。

　　（2）了解包装的方法、技巧。

　　（3）了解如何选择物流方式。

　　（4）了解物流需要注意的事项。

　　（5）掌握避免和处理常见物流问题的方法。

任务一　选择合适的物流方式

　　在这一任务中，我们将学习商品的包装方法及如何选择最佳的物流，使同学们进一步掌握商品包装和选择物流的技巧。通过活动一，学习常用的包装方式，了解包装材料及包装技巧，进一步节省包装费用，提高商品的安全性；通过活动二，学会选择最佳的物流方式，全面提高工作效率和节省物流成本。

活动一　选择合适的物流包装

活动描述

　　随着促销活动的开展，小王的服装店迎来一波销售小高潮。订单多了，商品发货自然也就多了。要想保证商品发货途中的安全，就要给商品选择合适的物流包装。下面对此进行详细介绍。

活动实施

　　第一步：准备商品包装材料。

　　小王开的是服装店，因此在包装前，先要将服装叠好，然后根据情况来选择包装材料。一般会用到无纺布袋、封口袋、胶带等物品,如图5-1、图5-2所示。

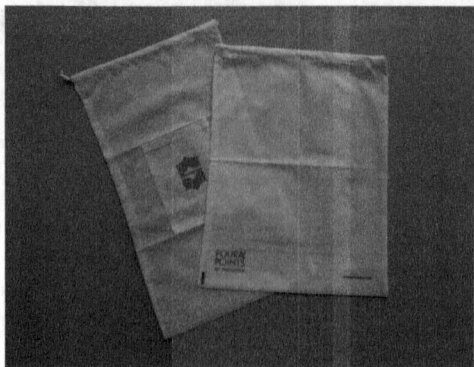

图5-1　无纺布袋

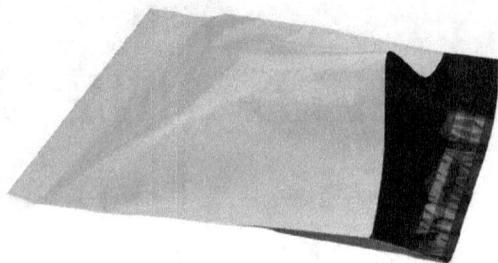

图5-2　塑料封口袋

分析:小王的网店销售的是以服装为主的商品,这类商品对于包装的要求不高,可以不用纸板箱、内部填充物等来进行包装,但因服装要穿在身上,所以应该用无纺布袋和塑料封口袋装好。

结论:要根据商品的实际情况来准备包装材料。小王应该事先准备好需要的包装材料,避免在包装的时候手忙脚乱。

知识链接 》 》　　　　其他商品包装材料

除了无纺布袋、塑料封口袋等包装材料,还有什么其他的包装材料呢?

比较常见的外部包装材料有纸板箱、牛皮纸等,内部填充物有报纸、气泡膜、珍珠棉、塑料袋气囊等。当然还需要用到一些工具,如剪刀、胶带等,如图5-3所示。

(1)纸板箱　适用于大部分商品。

(2)牛皮纸　适用于书籍、报纸、杂志等,如图5-4所示。

图5-3　纸板箱

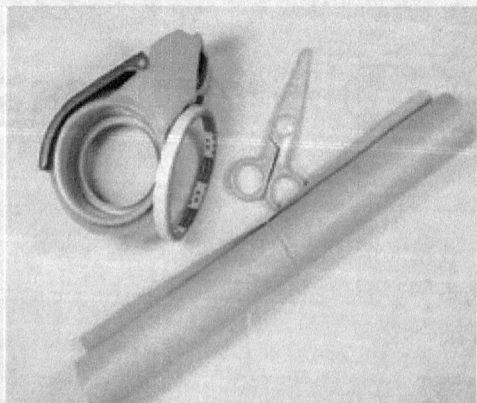

图5-4　牛皮纸及工具

(3)内部填充物　内部填充物是为了在长途转运操作中,避免碰撞导致破损,而起到保护商品作用的物品。如报纸，这是在日常生活中可以收集到的，用它来做填充物可以节省一些包装费用。此外，也可以用普通的塑料袋做填充物，还可以自制安全气囊，也能起到填充物的作用。当然还有其他的一些填充物，如气泡膜、珍珠棉等。同样，也可以收集并重复利用这些填充物，为自己节省一些成本，如图5-5所示。

图5-5　内部填充物

想一想

同学们，如果小王的网店卖的商品是玻璃艺术品，那么他需要准备什么包装材料呢？

第二步：巧妙包装商品，提高安全性。

小王准备好商品和包装材料后，将对商品进行包装。因为服装是贴身商品，所以在包装时先将服装用塑料袋装好，然后再装到无纺布袋里，以免异味渗透到衣服上，若还担心在运输途中有渗水等情况发生，可以再在无纺布袋外套上一层塑料封口袋，进一步保护商品。

分析：商品发出后，会跟其他商品混合在一起运输，在运输途中难免会与一些液体类的商品或是气味比较重的商品接触，尤其怕运输途中碰撞而造成液体类商品渗漏。因此，在包装时，先用塑料袋装好再装到无纺布袋里，保险起见再在外面套一个塑料封口袋，这样能最大限度地保障商品的安全。

结论：良好的包装可以保障商品的安全，使得商品能够完好无损地送到客户手里，这是提升网店声誉的一个很好的方法。

议一议

同学们，如果是玻璃艺术品要如何来包装呢？

第三步：准确无误地填写快递单。

将商品打包好后，接下来就要填写快递单了。小王重复确认了客户的详细地址和联系方式，并根据客户的详细信息开始认真填写快递单，如图5-6所示。

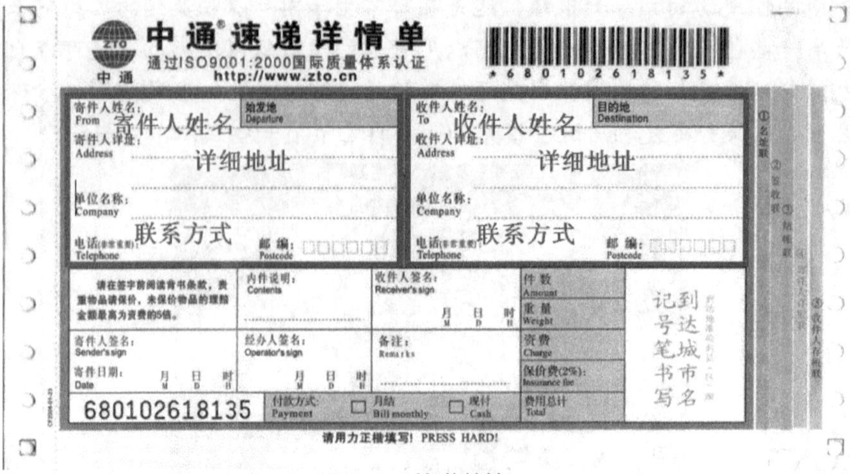

图5-6　快递单填写

分析：快递单的填写很重要，它关系到商品能否准确、快速地送到客户手中，所以在填写的时候一定要跟客户沟通并确定详细的收货地址和联系方式，然后根据详细信息准确无误地填写快递单，字迹要清晰可见。

知识加油站 》》》　　　小小赠品为网店添色

随着电商的发展，同行竞争逐渐白热化，那么如何才能在激烈的竞争中脱颖而出呢？我们可以通过附上一些小小赠品来吸引客户，提高客户的回购率。

赠品看似微不足道，但是一件精美的小赠品不但可以带给客户心理满足感，而且还能激发客户的展示欲，促使其自发地对商品进行分享，从而达到宣传的效果。因此，在打包时，可以在商品上附上一些小赠品，如图5-7所示。服装类商品可以在商品包装里附上优惠券（如好评返现券等）或会员卡，引导客户二次消费；坚果类商品（如夏威夷果）则可以在商品包装里附上开果器；如果外包装是纸板箱的，那也可以在纸板箱上粘上一把小开箱器，等等。

图5-7　小赠品

此外，还可以专门定制带有网店Logo的封箱贴纸或封箱胶带来封口，这样可以做到防盗、宣传两不误，如图5-8所示。

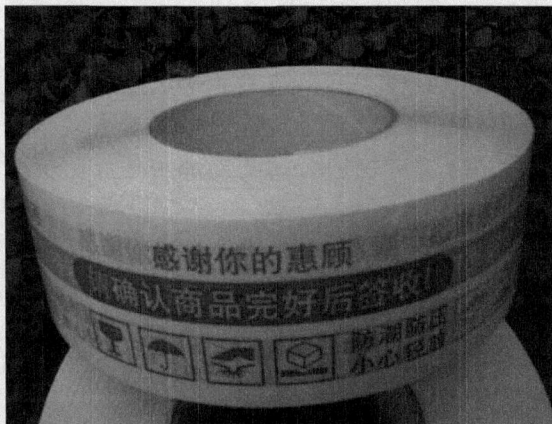

图5-8　封箱专用胶带

结论：认真填写快递单，保证准确无误地把商品送到客户手中，这又是一个为网店提高服务质量的好方法。

上面所有步骤做好后，便完成了发货前的包装工作。

活动评价

评价项目	自我评价		教师评价	
	小结	评分（5分）	点评	评分（5分）
1. 包装时能正确准备包装材料				
2. 能掌握包装技巧				
3. 能正确填写快递单				

活动二　选择合适的物流

活动描述

小王已经将商品包装好，接下来需要联系快递公司，将客户购买的商品及时发送出去。因为客户急用商品，而且收货目的地在同省范围，所以要求商品隔日到。下面来看看，小王是如何满足客户要求的。

活动实施

第一步：上网查询选择最合适的快递、物流公司。

初次开网店需要做的工作很多，其中快递就是很重要的一环。因此在准备开店之前，小王将快递方面的工作提前做了。想发快递，渠道很多，最简单的是去各快递网站查询你所在地的快递公司分部或快递公司的外部服务点。下面以顺丰速运为例进行说明，如图5-9所示。

图5-9　快递网点查询

分析：刚开始做网店，可以根据自己的产品情况，多选几家快递、物流公司，经过一段时间后结合实际情况综合考虑后，再决定与哪家或哪几家快递、物流公司合作。这次因为客户需商品隔日到，而顺丰速运相对速度较快，所以小王便选择了离自己最近的顺丰速运。

知识加油站 》》》　　　　如何选择快递公司

1. 依价格来选择

新开网店，由于销售额还比较低，可以选择一些运费相对便宜的快递公司，比如圆通速递在珠三角地区只需6~8元，亚风快运在华南、华东、华北、福汕区域之间发1千克内的物品，一般只要8~11元。

2. 依赔率来选择

如果网店销售的是贵重物品，如数码产品，如真金钻石等商品，就尽量选择赔偿金额或倍数高而且保价率大的快递公司。这样一旦发生快递物品损坏、丢失等情况，可以获得相对高的赔偿。

3．依速度为来选择

快递速度快慢不仅对商品质量有影响，而且直接影响着网店的成交率和资金回收效率及买家的评价（特别是对速度要求较严格的食品类商品），因为快递原因被买家投诉甚至给出中差评的情况不在少数。这里所说的速度包括快递业务员上门取件的速度、物品送达客户手中的速度等多方面。

4．依覆盖网点来选择

开网店做生意，买家是遍布全国各地的。如果你选择的快递公司网点比较少，那么比较偏远的地方就有可能无法送达，或者运费很高。特别是当网店有一定的名气后，客户分布会更广，而快递覆盖网点就是商品覆盖网点，所以快递的选择非常重要。网点覆盖比较多的如申通快递全国有1200多个网点，而中国邮政的EMS业务覆盖全球200多个国家及地区，国内有近2000个城市开通EMS业务，现在推出的E邮宝也很不错，比EMS要便宜。

结论：尽可能多选择几家快递、物流公司，IE浏览器中要收藏比较常用的快递公司主页，以便随时可以查询网点分布。当网店具有一定知名度，发货量大的时候，再根据实际情况综合考虑决定与哪家或哪几家快递公司合作。

知识链接 》 》　　　　常用快递公司

1. 邮政EMS：http://www.ems.com.cn/，11183
2. 申通快递：http://www.sto.cn/，95543
3. 圆通速递：http://www.yto.net.cn/，95554
4. 中通快递：http://www.zto.cn/，95311
5. 宅急送：http://www.zjs.com.cn/，400-6789-000
6. 韵达速递：http://www.yundaex.com/，95546
7. 天天快递：http://www.ttkdex.com/，4001-888-888
8. 顺丰速运：http://www.sf-express.com/，95338

议一议

如果你是淘宝网店的店家，你会怎么选择快递公司？

第二步：联系快递公司取件发货。

小王通过网站查询到快递公司后，便要联系快递公司过来取件。由于是第一次与顺丰速运合作，跟快递业务员不熟悉，所以小王直接在线下单，如图5-10所示，等着快递公司派员收件。

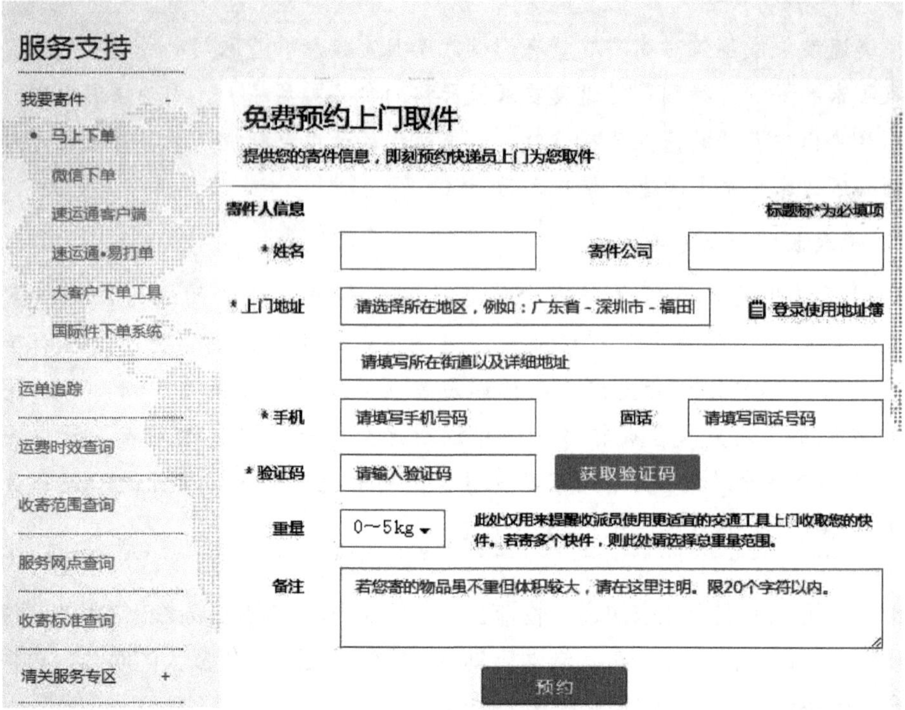

图5-10　在线下单

分析：因为刚使用快递发货，对快递业务不够清楚，且和快递业务员也不熟悉，如果直接联系快递业务员，他可能不会及时过来收你的件，而发货又是讲求效率的，所以此时最好直接在线下单预约收件，等双方熟悉后再直接联系快递业务员。

小贴士 》》》

现在很多卖家同时也是买家，可以在淘宝买个自己正好需要的商品，指定对方发某个快递。这样，当你收货的时候，就可直接留下送件员的电话，因为同一个区域的送件和收件的人通常是同一个快递员。他给你送过件，自然也就知道你的地址，你再发货的时候，便可以联系他，从而节省时间，做到及时发件。

结论：尽可能通过各种渠道去查询各个快递公司，并留下快递公司的联系方式，甚至是直接留下快递业务员的联系方式，而不是选定某家快递。因为快递覆盖点多也代表着你的商品覆盖点多，多留几个快递公司或快递业务员的联系方式，就可以根据实际情况来决定选择使用哪家快递公司发货。

想一想 | 同学们，如果你的客户是在比较偏远的地方，你应该怎样来选择快递公司？

活动评价

评价项目	自我评价		教师评价	
	小结	评分（5分）	点评	评分（5分）
1. 掌握网上查询快递公司的方法				
2. 学会联系快递公司进行发货				
3. 学会联系快递业务员并建立良好关系				

任务二　处理物流中常见问题

在这一任务中，我们将学习如何避免和处理好物流中常见的问题。通过活动一，掌握常见物流使用注意事项，提高物流服务水平；通过活动二，学会处理物流常见问题，同时研究如何避免同样的问题再次发生，从而进一步提高物流管理水平。

活动一　使用物流的注意事项

活动描述

随着销售量的增多，小王网店的快递发件量也逐步提升。发件量多了，难免就会有一些快件出错。为了提高物流服务水平和管理水平，小王决定让全体客服人员认真学习物流注意事项，下面我们来看看他是如何操作的。

活动实施

第一步：确认收货信息。

一般情况下，买家的收货地址、收货人、联系方式都是一开始就设置好并默认的，但为了防止出错，最好还是再次请买家确认一下，如图5-11所示。

图5-11　确认收货信息

分析：不要以为买家默认的收货地址、收货人、联系方式就一定是正确的，不排除买家有修改过收货地址、收货人的情况，或者对方是帮朋友买的，则收货人、收货地址、联系方式都要更改。所以，成交后要请买家核实收货信息是否正确。

结论：站在为客户带来贴心服务的立场上想，卖家更是应该主动且有义务去提醒，这其实也是对彼此负责，而不单是为客户着想。试想如果小王没有跟买家确认收货信息而导致货物无法送达，是不是又会给彼此造成不必要的麻烦呢？

第二步：确定买家收货地址是否有派送

最近，小王有一个买家的地址比较偏远，担心没有快递派送，因此前面收藏的各个快递网页就派上用场了。于是，他通过网页查询快递网点，找出能够派送到的快递公司并选择发件。例如中通快递，可以先查询它的派送范围，如图5-12所示。

图5-12　快递网点查询

分析：新手卖家需要注意，开网店会不时遇到快递网点不能派送到买家地址的情况，因为各家快递网点也是有不同派送范围的。有时候卖家只考虑节约快递成本问题，没养成网上查询网点派送范围的习惯，如果遇到快递员刚好也是新手，不能判断是否能送达，便可能导致送去后又被告知不在派送范围，只得退回，重新选择另一快递公司，这样既浪费时间，还会让买家误解。

结论：平时应养成在网上查找快递网点派送范围的习惯，尽可能地减少失误，以提高卖家物流服务的质量，提升客户满意度和回头率。

第三步：确认发货并及时告知买家物流动态信息。

小王在发货后有一个很好的习惯就是一发货就在计算机上确认，并及时将快递单号告知买家，让买家随时能留意并跟踪物流信息，如图5-13所示。

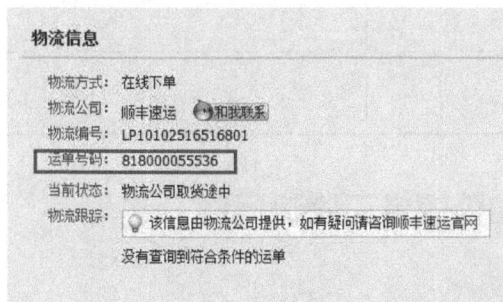

图5-13　物流信息

分析：有时候会出现这样的情况，就是中午快递公司已经上门收走快件了，但卖家可能因为忙，没有及时在网上确认发货，而买家晚上刚好上线没有查到物流信息，就误以为卖家还未发货，其实这样的误会完全可以避免，只需我们工作做得更细致一点。

结论：卖家要及时确认发货，避免买家因发货时间未发货而对卖家留下不好的印象，并及时将快递单号通过短信等方式告知买家，使买家能随时跟踪快递包裹，同时也可以用旺旺发布最新的物流动态信息给买家，如图5-14所示。

图5-14　最新物流动态信息

同学们，请想想如果你是卖家，发货后，可以通过哪几种方式告诉买家物流信息。

活动评价

评价项目	自我评价		教师评价	
	小结	评分（5分）	点评	评分（5分）
1. 能理解为何要再次确定收货地址				
2. 能查询买家地址是否在派送范围内				
3. 学会发布物流动态信息				

活动二 避免和处理常见物流问题

活动描述

　　这段时间小王的网店做得越来越好，但最近却出了一件让小王烦心的事，怎么回事呢？原来出单越来越多，出单多了随之而来的问题也不断发生。比如说物流问题，有买家反映包裹有破损、丢失的，也有快递公司反映地址错误或买家无法联系等问题。针对这些问题，我们来看看，小王是怎样处理的呢？

活动实施

　　第一步：处理包裹破损、包裹丢失的问题。

　　当发生包裹破损、丢失问题时，小王会让负责物流的同事回想当时包裹打包时的一些细节，查证发出去的包裹是否完好无损，同时也让买家证实包裹送到之前是否已破损，这样弄清原因，分清责任，才能解决问题。

　　完整的包裹和破损的包裹对比，如图5-15、图5-16所示。

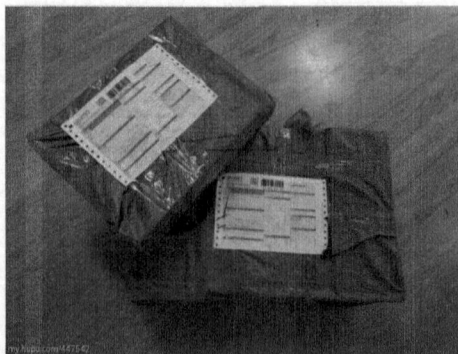

图5-15　完整的包裹

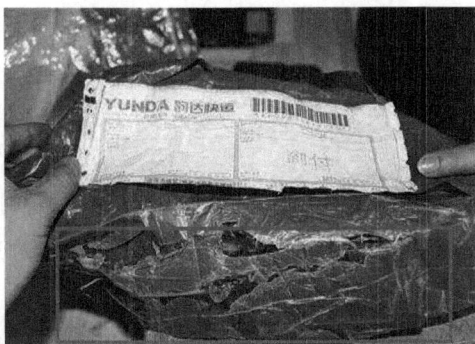

图5-16　破损的包裹

分析：包裹破损是在发货中常常遇到的问题，有经验的买家会在收包裹时认真检查，如果已破损，拒绝签收，这样方便卖家和快递公司商量赔偿问题。但也有很多买家不是亲自收货或是没有经验，在看到包装破损时也照样签收，等发现里面商品也破损了才找卖家解决问题，这样责任就分不清了，通常是卖家自己承担损失。所以在进行商品包装的时候，要想办法保证包裹安全，同时提示客户，当发现包裹破损时，请拒收。

包裹丢失这种情况一般比较少见，如果包裹丢失，卖家和快递公司协商赔偿也比较麻烦，因为快递公司一般不会原价赔偿，理由是没有保价，而且也不知道商品的真实价值，所以一般只赔偿包裹运费。因此还是卖家自己多注意，比如说小件的东西也尽量用文件袋或封口袋装好并打上标识，尽可能地防止包裹丢失，这样总比包裹丢失再向快递公司索赔要好，并且不会因此在买家面前信誉受损。

小贴士》》

遇到收到货物破损、少件等问题，卖家应该怎么做？

这里要提醒的是不要因为你和快递公司之间的协商，而去拖延你和买家之间的问题解决。问题的轻重缓急要分清楚，应先解决买家的事情，再跟进物流的事情。

具体的做法是：

首先，联系买家并请其提供实物照片确认所发商品情况。切记要端正沟通的态度和语气，不要认为买家反馈问题就是要给卖家差评，要知道良好的沟通态度才是解决问题的关键所在。

然后，向物流公司核实签收情况。记住一定要核实是不是买家本人签收。

最后，如果不是买家本人签收，也没有经过买家的授权，建议卖家直接操作退款，联系快递公司协商索赔，尽量避免与买家之间的争议和误解。

结论：遇到包裹破损、丢失的问题，在买家反馈问题的时候，不要先入为主地认为买家故意找问题、找借口。一定要端正态度，语气和善地去为买家解决问题，因为良好的沟通才是解决问题的关键所在。不要因小失大，一遇到这种情况，就先与快递公司协商赔偿，而要分清轻重缓急，先解决买家问题，再与快递公司交涉。

议一议　同学们，请你们议一议，卖家发货时应如何避免包裹破损的发生。

第二步：处理地址错误、无法联系到买家的问题。

小王在订单确认发货前，都会先与买家再次确认收货地址，但出单多的时候，也难免会忘记确认；也有些买家比较爽快，付款就下线了，造成不能再次确认；或者是将两个买家的发货地址弄混了。

分析：如果是卖家填单的时候写错了地址或者地址不详而快递无法送到，快递公司也联系不上买家，比较负责的快递公司会先给卖家打电话，请卖家联系买家。不负责的快递公司会直接把包裹退回，这样卖家便需要再付运费发一次。

结论：为了不出现这种情况，卖家在发货之前应尽量做好准备工作，及时与买家确认收货地址和收货人，从而避免这些问题的出现。

第三步：处理退、换货的问题。

一些买家在收到货物之后，觉得不喜欢、不合适或者是买的尺寸不对，便会申请退、换货，如图5-17所示。

代理 2017-7-16 18:46:17

掌柜，你好！你卖给我的连衣裙颜色不好看，款式也不行，我要退货，请发地址给我。

loo 2017-7-16 18:46:51

亲，你好！很抱歉这次购物不能让你满意，本店支持七天无理由退货。

代理 2017-7-16 18:47:13

那好呀，你店里的连衣裙图片与实际的效果不一样，我要求全额退货。

loo 2017-7-16 18:49:09

亲，本店的图片是实物拍摄，你说效果不好，可能是色差引起的，不同的计算机显示上有一定的色差，这是正常的，我们在网上也有提示顾客，不能以效果不好看为由，或者色差问题来要求本店负责退换货的运费的，希望你理解。不是衣服质量问题，来回的运费是由买家负责的，淘宝网也是这样规定的，请你在系统上申请退货款。我确认后，系统会发退货地址等相关信息给你的。

代理 2017-7-16 18:49:33

那好吧，我现在就申请，请你快点确认。

loo 2017-7-16 18:50:00

好的，没问题。谢谢你的理解！

图5-17　退货聊天记录

分析：因为是网购，涉及运费问题，而买家很多时候都认为是包邮的，这样往往容易引起纠纷。因此，卖家最好在买家买商品的时候能给出一些建议，以免买家买了商品又觉得不合适而造成不愉快，同时说明自己的退换货政策。

结论：如果买家因为商品的质量问题而要求退货，应由卖家承担退货的运费。如果买家因为自己觉得不合适要求退货，这就需要买家自己承担运费。因此，卖家在发货之前一定要仔细地检查商品，避免买家因为质量问题要求退货。

活动评价

评价项目	自我评价		教师评价	
	小结	评分（5分）	点评	评分（5分）
1. 能避免或解决包裹破损、丢失的问题				
2. 能避免或解决地址错误的问题				
3. 能避免或解决退、换货的问题				

项目总结

　　通过本项目的学习，学生要了解包装材料及掌握包装技巧，提高包装安全可靠性，学会选择最佳的物流，节省物流成本；同时要学会处理物流中常见的问题，避免类似问题的再次发生。本项目旨在培养学生的组织管理能力，从而进一步降低店铺物流成本，提高店铺的物流管理水平，为店铺实现增值打下基础。

项目练习

一、填空题

1. 包装前应准备的包装材料包括纸板箱、_____、_____、塑料封口袋、_____、牛皮纸等物品。

2. 牛皮纸适用于书籍、_____、_____等物品的包装。

3. 良好的包装可以_____商品的安全，使商品能够完好无损地送到客户手里。

4. 快递可以从以下方面来选择：①依价格来选择；②_____；③依速度来选择；④_____。

5. 卖家发货后一定要在_____确认发货并及时告知买家_____。

二、选择题

1. 以下包装材料中哪种属于内部填充物？（　　　　）

　　A. 牛皮纸　　　　　　　　　　　B. 剪刀

　　C. 珍珠棉　　　　　　　　　　　D. 纸板箱

2. 选择快递时，可以用哪种方式来进行选择？（　　　　）

　　A. 依价格来选择　　　　　　　　B. 依赔率来选择

　　C. 依速度来选择　　　　　　　　D. 依覆盖网点来选择

3. 刚开始使用快递寄件时，联系快递公司取件可以用以下哪种方式？（　　　　）

　　A. 等着快递员取件　　　　　　　B. 在快递官网免费预约

　　C. 电话联系快递员　　　　　　　D. 自己将包裹拿去寄

4. 使用物流快递时，需要注意哪些事项？（　　　　）

    A. 注意买家收货地址是否确认

    B. 注意买家收货地址是否能够派送

    C. 注意是否已在计算机上确认发货

    D. 注意是否已及时告知买家快递单号

5. 卖家应做好以下哪些准备工作避免发生收货地址出错？（　　　　）

    A. 填写收货地址时再次跟买家确认地址无误

    B. 买家下单后直接发货

    C. 按买家提供的简短、不详的地址发货

    D. 按买家默认地址发货

三、问答题

简述遇到买家收到货物破损、少件等问题，卖家应怎么做。

项目六　网店数据化运营

项目简介

　　本项目是让学生通过淘宝网店运营工具获得有关网店经营的数据，学生通过分析这些数据，清楚了解网店目标人群的需求，利用数据做好网店的规划和决策。学生通过学习生意参谋和淘宝体检中心的使用方法，应能分析店铺内数据并优化标题，能根据淘宝体检中心的数据对店铺进行优化。

项目目标

　　(1) 能够表述生意参谋常见数据指标的含义。

　　(2) 能够根据生意参谋的数据分析对商品标题进行优化。

　　(3) 能够读懂淘宝体检中心常见信息。

　　(4) 能够根据淘宝体检中心的信息对店铺进行优化。

任务一　运用生意参谋数据优化店铺

　　在这一任务中，我们将学习生意参谋数据的数据应用，使同学们掌握生意参谋数据的分析方法和利用生意参谋数据优化店铺的技巧。通过活动一，了解网店数据化运营的基础知识，能够正确表述生意参谋常见数据指标含义，掌握生意参谋的使用方法；通过活动二，掌握运用生意参谋的数据分析进行店铺优化的方法。

活动一　认知生意参谋数据基本信息

活动描述

　　对于网店商家而言，当下最好的数据分析工具无疑是生意参谋了，它拥有量子恒道拥有的一些功能，同时也有量子恒道没有的一些功能，总之可以称之为量子恒道的升级版。小王在同行那里了解到生意参谋能够提供精确的访客流量、TOP10来源、时段流量等店铺数据信息后，决定进入卖家中心，开通生意参谋服务，了解生意参谋数据基本信息，并学习它的使用方法。

活动实施

第一步：开通生意参谋服务。

小王打开卖家中心的后台，在"营销中心"栏目单击"生意参谋"进入生意参谋订购服务栏，如图6-1所示。

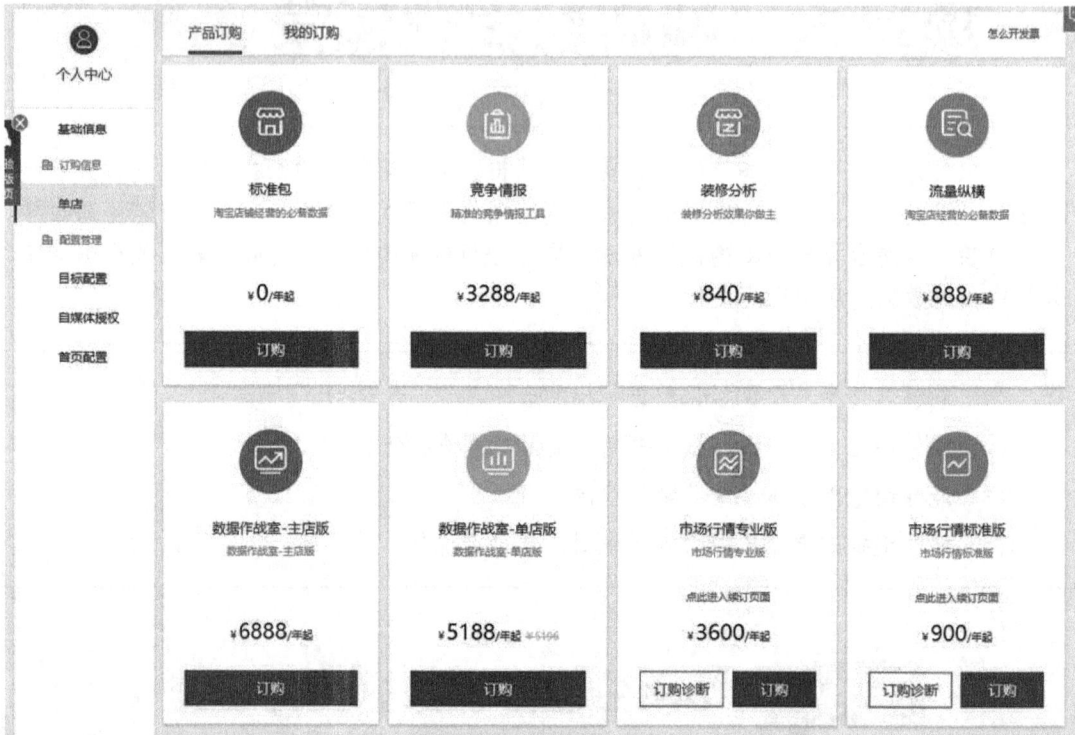

图6-1 订购生意参谋

分析：小王初次使用生意参谋，他发现生意参谋订购服务栏有标准包、竞争情报、装修分析、流量纵横、数据作战室、市场行情等订购项目。他想利用生意参谋了解店铺的访客流量的基本情况，他应该订购哪些服务项目呢？标准包能提供单日或某时段的访客流量信息、商品信息、交易信息、物流信息等基本数据信息服务，并且免费，其他订购项目都是收费的。

结论：通过对比分析，小王认为生意参谋的标准包能基本满足他店铺的需求，可以先行订购标准包试试。

知识链接 »» **订购生意参谋**

生意参谋是阿里巴巴官方提供的付费数据分析软件，用户在初次使用时，会有购买服务的提示，用户可以按自己的需求进行购买。

建议先行购买0元/年的生意参谋标准包服务，待业务上对数据有更多的需求时，再按需求进行购买。

第二步：进入生意参谋。

小王回到卖家中心，在"营销中心"栏单击"生意参谋"进入生意参谋后台，如图6-2所示。

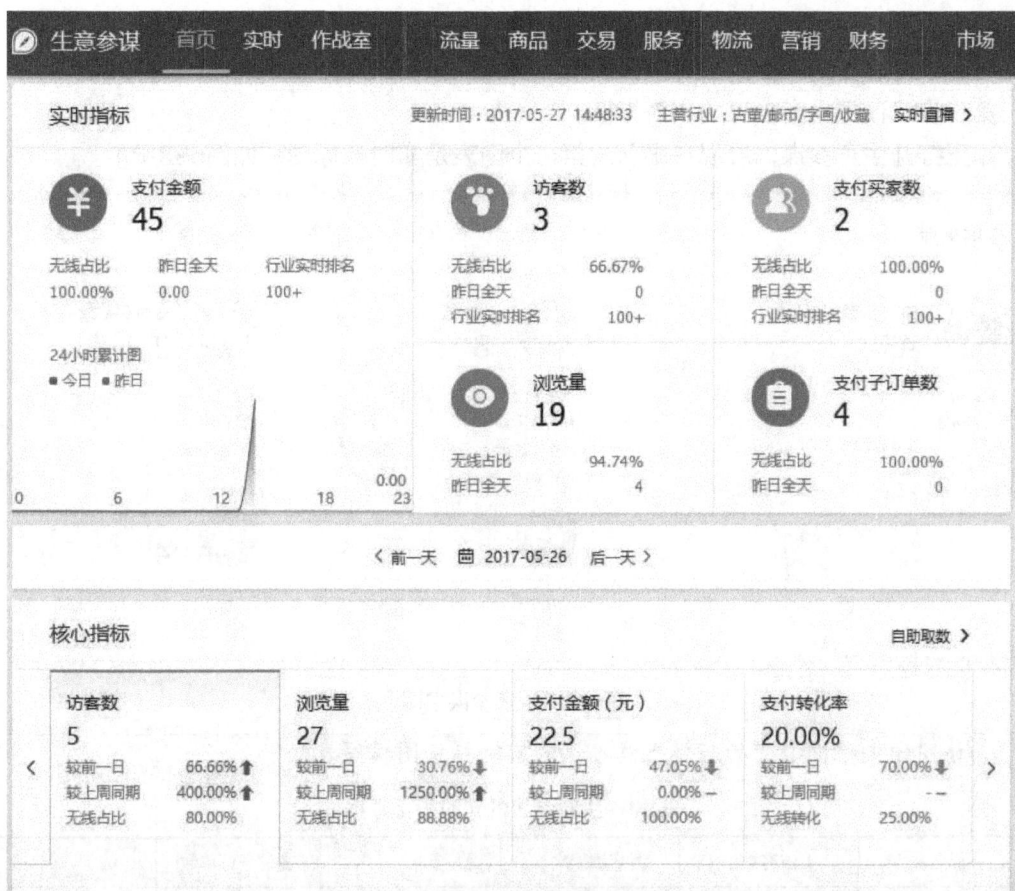

图6-2　生意参谋首页

想一想	小王的店铺生意参谋的首页内容，包括以下哪些模块？（　　　　） A. 实时指标　　　　　　　　　B. 核心指标 C. 流量分析　　　　　　　　　D. 商品分析 E. 售后分析　　　　　　　　　F. 物流分析

知识链接 》》》　　　　　　　**生意参谋首页**

（1）首页　全面展示店铺经营全链路的各项核心数据，包括店铺实时指标、核心指标、流量分析、商品分析、售后分析和物流分析等数据信息。

（2）实时指标　提供店铺实时流量交易数据、实时地域分布、流量来源分布、实时热门商品排行榜、实时催付榜单、实时客户访问等功能，还有实时数据大屏模式，可帮助卖家洞悉实时数据，抢占生意先机。

（3）流量分析　展现全店流量概况、流量来源及去向、访客分析及装修分析。

（4）商品分析　展现店铺内的商品流量相关信息、访问质量信息和转化效果信息，具体包括访客总数、浏览量、被访问商品数、平均停留时长、详情页跳出率、加购件数、支付件数、异常商品数和商品收藏次数等信息。可以全方位地观察店铺内商品情况，为商家更改关键词、调整热销款等运营方案提供重要的数据参考。

此外，大部分指标可自由选择时间段，包括1天、7天、自然日、自然周、自然月或自定义时间；可选择的平台包括淘宝、天猫，终端则包括PC端、无线端和其他终端。

第三步：读懂生意参谋的实时指标。

小王打开生意参谋，展现在眼前的第一个图表是实时指标图，如图6-3所示。

图6-3　生意参谋主图

想一想　请同学们根据小王的店铺生意参谋的实时指标图填写表6-1。

表6-1　生意参谋的实时指标数据

指标名称	访客数	浏览量（次）	支付子订单数
当天数值		2	45
指标含义	实时访客ID总数		实时支付总金额

知识链接 »　»　　　　**实时指标**

（1）访客数　0点截至当前时间访问店铺页面或宝贝详情页的去重人数，一个人在统计时间范围内访问多次只计作1。所有终端访客数为PC端访客数和无线端访客数相加去重。在实时计算过程中，店铺流量高峰时，可能会出现交易数据处理快于浏览数据，导致访客数小于支付买家数的情况。

（2）支付金额　买家拍下后通过支付宝支付给卖家的金额，未剔除事后退款金额，预售阶段付款在付清尾款当天才计入内，货到付款订单确认收货时计入内。支付金额为PC端支付金额和无线端支付金额之和。需特别说明的是，不论是在PC上支付还是在手机上支付，在PC上拍下，就将后续的支付金额计入PC端；在手机或Pad上拍下，就将后续的支付金额计入无线端。

（3）支付买家数　统计时间内，完成支付的去重买家人数，预售分阶段付款在付清尾款当天才计入内。支付买家数为PC端和无线端支付买家去重人数，即统计时间内在PC端和无线端都对商品完成支付，买家数计作1个。需特别说明的是，不论是在PC上支付还是在手机上支付，在PC上拍下，就将该买家数计入PC端支付买家数；在手机或Pad上拍下，就将该买家数计入无线端支付买家数。

第四步：理解流量概况的各项指标。

小王进入生意参谋后，看到了流量、商品、交易、服务、物流、营销等功能模块；他决定先对流量模块概况进行学习。

（1）流量总览　展示该段时间的访客数、浏览量、跳失率、人均浏览量、平均停留时长；可分为全部数据、PC端数据和无线端数据三种，PC端数据+无线端数据=全部数据。流量总览如图6-4所示。

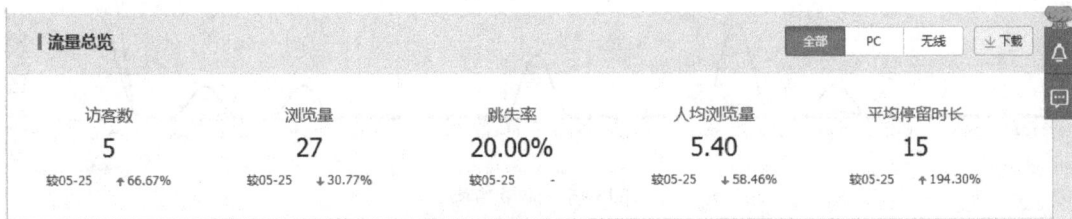

图6-4　流量总览

想一想

请同学们根据小王的店铺生意参谋的流量总览指标图填写表6-2。

表6-2　生意参谋的流量总览指标数据

指标名称	访客数		跳失率（%）		平均停留时长（秒）
数值		27			
指标含义	本段时间访客ID总数		本段时间到达店铺后没有继续访问其他页面即离开的访客比例		本段时间访客平均浏览商品数量

知识链接 》》 流量总览数据

（1）访客数　统计周期内访问店铺页面或宝贝详情页的去重人数。一个人在统计时间范围内访问多次只计作1个。访客数为PC端访客数和无线端访客数相加去重。

（2）浏览量　店铺所有页面被访问的次数。一个人在统计时间内访问多次计作多次。浏览量等于PC端浏览量和无线端浏览量之和。

（3）跳失率　在统计时间内，访客中没有发生点击行为的人数/访客数，即未发生点击人数/访客数。该值越低表示流量的质量越好。多天的跳失率为各天跳失率的日均值。

（4）人均浏览量　人均浏览量=浏览量/访客数。多天的人均浏览量为各天人均浏览量的日均值。

（5）平均停留时长（秒）　来访店铺的所有访客总的停留时长/访客数，单位为秒。多天的人均停留时长为各天人均停留时长的日均值。

（2）流量趋势　展示当前时段访客数、浏览量、跳失率、人均浏览量、平均停留时长的流量趋势，可选择单独展示全部数据、PC端数据和无线端数据。流量趋势如图6-5所示。

想一想

小王店铺生意参谋的流量趋势图可以选择哪些展现项目？（　　　　）

A. 访客数　　　　　　　　　B. 浏览量

C. 跳失率　　　　　　　　　D. 人均浏览量

E. 平均停留时长

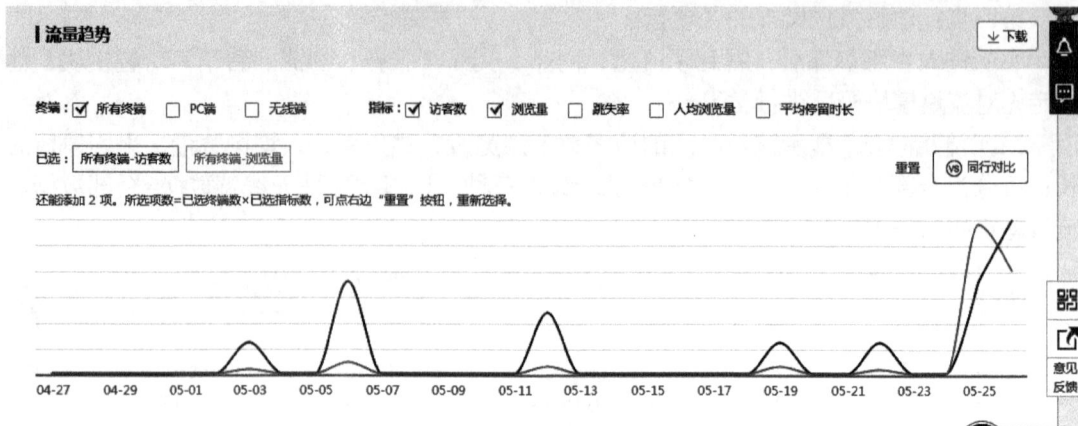

图6-5 流量趋势

（3）流量来源排行 流量来源排行可以同时展示店铺PC端和无线端流量来源TOP5，并能了解同行在相应流量项目的状况，如图6-6所示。

图6-6 流量来源排行

（4）访客行为 访客行为栏目能够分别展示店铺PC端或无线端的入店关键词TOP5和单品访问TOP3；卖家通过访客行为可以清晰地了解顾客使用率最高的关键词和最受关注

的单品，如图6-7所示。

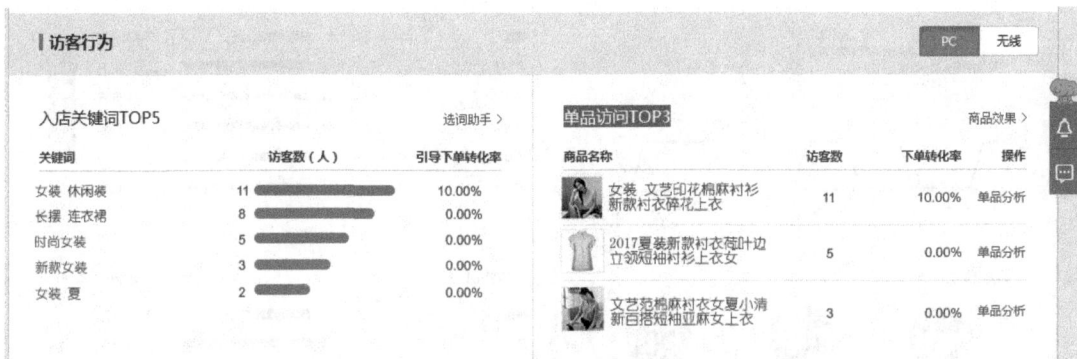

图6-7 访客行为

请同学们根据图6-7访客行为数据将入店关键词TOP5的内容填写在表6-3中。

表6-3 访客入店关键词TOP5数据统计

项目名称	关键词	访客数	引导下单转化率（%）
关键词1			
关键词2			
关键词3			
关键词4			
关键词5			

知识链接 》》 访客行为指标

（1）入店关键词 来访客户入店前搜索的关键词。如果访客通过多个关键词进入店铺，同时计入多个关键词。

（2）商品访客数 访问店铺宝贝详情页的去重人数，一个人在统计时间范围内访问多次只计1个。访客数为PC端访客数和无线端访客数去重，如果通过浏览器和通过APP访问的是同一人，无线端访客数计作1个。

（3）引导下单转化率 在所选的终端（PC或无线）上，针对店外搜索关键词，引导下单转化率是指引导下单买家数/该关键词带来的访客数；针对店内搜索关键词，引导下单转化率是指引导下单买家数/该关键词搜索结果页的点击人数。

（5）访客特征 在访客特征栏目中，能够看到访客来访时段，了解访客来源城市TOP5，了解访客的构成情况，了解访客的性别情况，如图6-8所示。

请你选出访客特征图所展示的内容：（　　　　）。

A．时段　　　　　　　　B．城市TOP5

C．访客构成　　　　　　D．访客性别

E．访客年龄

157

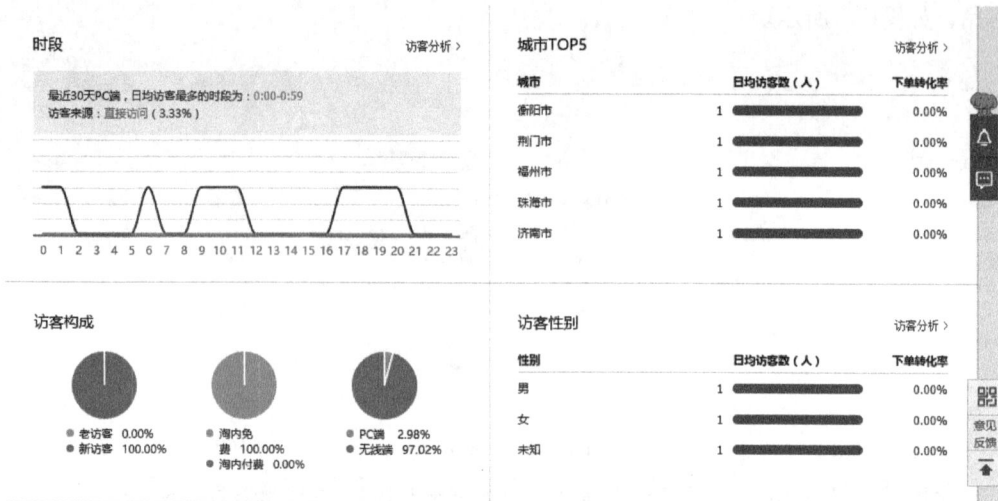

图6-8 访客特征

知识链接 » »   访客特征指标

（1）老访客　在统计周期内，店铺的老访客数占店铺总访客数的比例，即自然天店铺的老访客数/自然天店铺的总访客数。

（2）新访客　新老访客和买家是针对店铺而言，6天内访问过本店再次访问的为老访客，否则为新访客。

（3）下单转化率　统计时间内，下单买家数/访客数，即来访客户转化为下单买家的比例。

（4）访客性别　通过访客的各种信息挖掘计算得出的性别。未登录的来访客户，性别为未知。

活动评价

评价项目	自我评价		教师评价	
	小结	评分（5分）	点评	评分（5分）
1. 能订购生意参谋服务				
2. 理解生意参谋的实时指标				
3. 理解流量概况的各项指标				

活动二　利用生意参谋数据优化商品标题

活动描述

小王使用了生意参谋平台一段时间后，基本掌握了各项指标信息的意义，能够读懂店铺日常流量、交易等数据情况。接下来，小王想利用生意参谋上的数据对商品标题进行优化。下面请看他是如何操作的。

第一步：进入"选词助手"主界面。

小王打开生意参谋平台，从"流量"进入"选词助手"，"选词助手"主界面如图6-9所示。

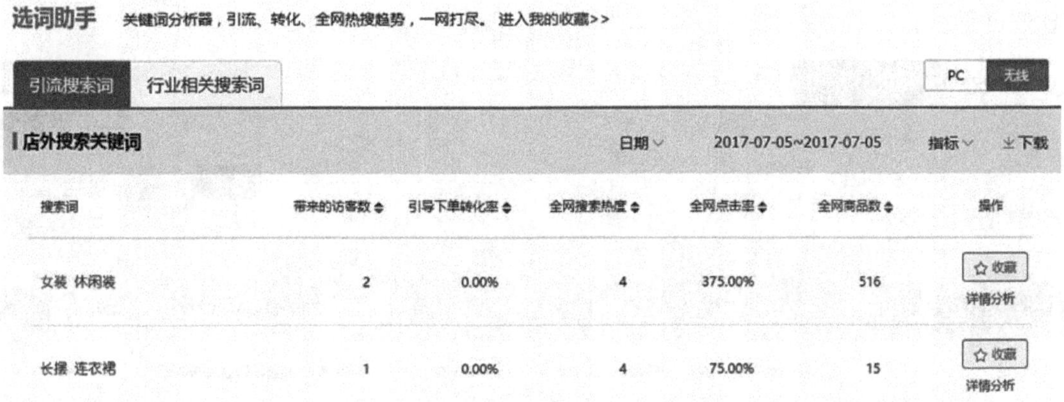

图6-9 "选词助手"主界面

知识链接 » »   选词助手

选词助手是生意参谋平台中的专题工具之一，分别从PC和无线两个终端提供为店铺引流的店外搜索关键词、反映用户需求的店内搜索关键词、与所选关键词相关的行业内搜索关键词，同时还提供这些关键词的搜索热度、引导效果等数据。

选词助手可以帮助我们快速盘清搜索来源的关键词，验证和调整关键词投放策略；了解访客在店内的搜索行为，明确访客精准需求；通过行业搜索词的拓展，帮助我们找到更多适合店铺的可拓展关键词，用于调整广告投放、标题优化或品类规划。

第二步：选择近7天的关键词。

在店外搜索关键词的"日期"中选择"最近7天"，显示最近7天关键词的相关数据信息，如图6-10所示。

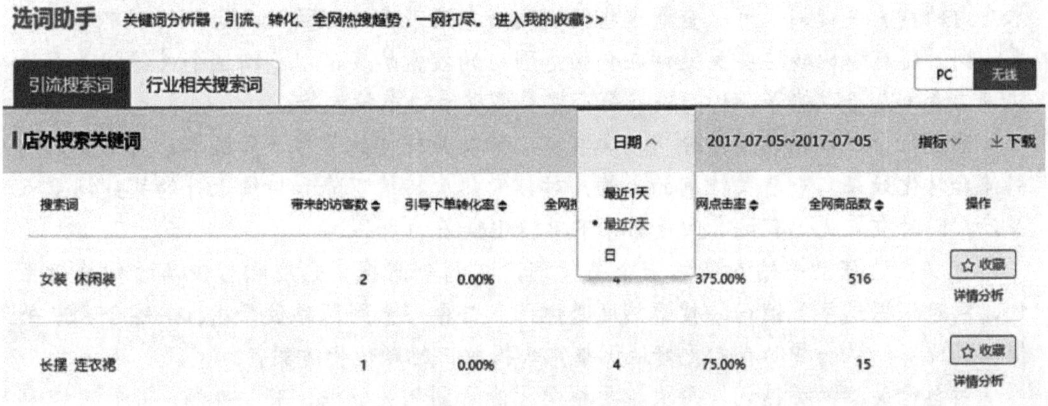

图6-10 选词助手最近7天数据展示

想
一
想
店铺选词助手的日期选项有哪些？（　　　）

A. 最近1天　　　　　　　　B. 最近7天

C. 最近1月　　　　　　　　D. 日

第三步：查看行业相关搜索词。

在选词助手的行业相关搜索词中键入"女装"，单击查看行业相关搜索词的数据，如图6-11所示。

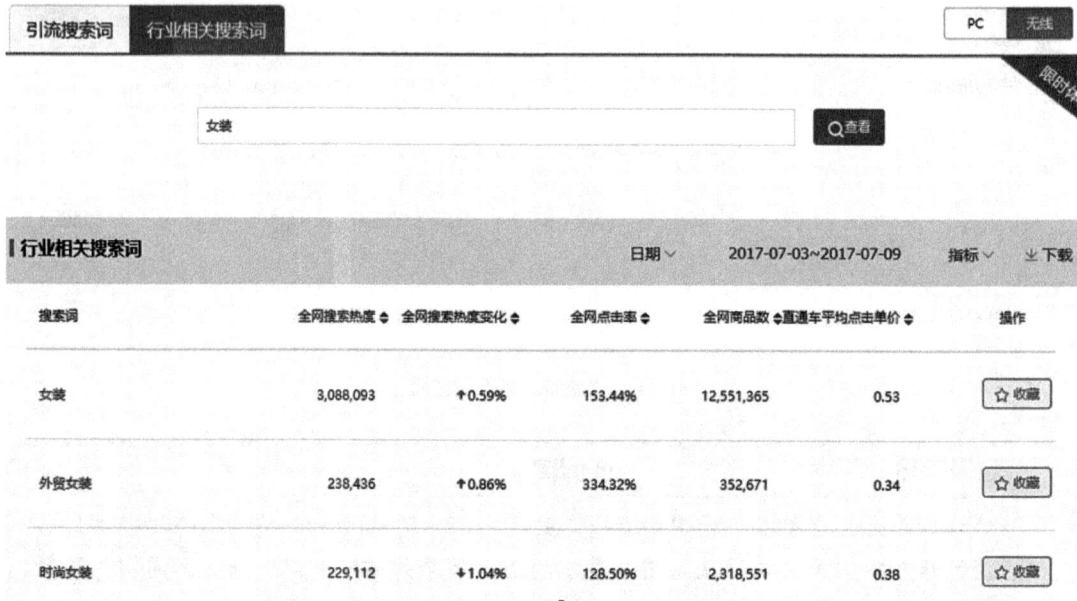

图6-11　行业相关搜索词数据展示

想
一
想
在行业相关搜索词中有哪几个关键词的热度呈上升趋势？（　　　　）

A. 女装　　　　　　　　　　B. 外贸女装

C. 时尚女装　　　　　　　　D. 经典女装

知识链接 »　»　　　　　　　**选词助手的使用**

选词助手可以选择时间周期查看，比如在淘宝网首页搜索框搜索关键词后，进入本店内的搜索关键词，可以查看这些关键词给本店带来的流量以及后续的下单转化效果，同时还可以比较这些关键词在全网范围内的搜索热度，以判断这个关键词是否为热词、竞争是否过热等，从而决策是否需要调整直通车投入等。

通过每个关键词的详情分析，卖家可以了解关键词的趋势及其给本店商品带来的引流和转化效果。查看关键词的走势，对搜索热度持续下降和持续上升的关键词重点关注，同时重点优化有访客但是引导下单转化较差的商品。

可以在选词助手输入任意一个关键词，找到全网搜索热度相对较高的相关衍生词，同时根据这些关键词的搜索热度变化、点击率、全网商品数等指标，综合判断关键词的优劣，从而帮助我们更好地调整广告投放、标题优化方案。

对自己关心的关键词，每次都要搜索才能看到相关数据，有些麻烦，此时可以利用收藏功能，把这些关键词收藏起来，这样便可以每天直接进行关注和查看。

第四步：优化商品标题关键词。

小王将店铺中人气不是很理想的标题为"女装休闲装文艺印花棉麻衬衫碎花长摆连衣裙"的商品A进行关键词优化，先将此商品的关键词及选词助手中全网点击率较高的关键词整理成表格，见表6-4。

表6-4　商品A关键词与全网点击率较高关键词对比

商品A标题：女装休闲装文艺印花棉麻衬衫碎花长摆连衣裙			
店内搜索词	全网点击率（%）	行业相关搜索词	全网搜索热度变化（%）	全网点击率（%）
女装休闲装	375.00	女装	0.59↑	153.44
长摆连衣裙	75.00	女装休闲装	0.86↑	375.00
文艺	260.92	时尚女装	1.04↓	128.5
印花	82.14	文艺范女装	3.32↑	181.80
棉麻	152.87	文艺	3.08↓	260.92
衬衫	144.76	文艺女装	7.63↑	523.20
碎花	141.76	印花	4.80↓	82.14
		长摆连衣裙	1.59↓	75.00
		棉麻	5.68↑	152.87
		衬衫	1.51↑	144.76
		碎花	2.06↑	141.76

关键词全网点击率越高，顾客越有兴趣链入商品，全网搜索热度呈上升趋势表示该词较受顾客喜爱。根据上表所列数据，新标题可定为：文艺范女装休闲装2018款连衣裙碎花棉麻衬衫。"印花"因全网搜索热度呈下降趋势，全网点击率较低，被删减；"文艺女装"因全网搜索热度呈上升趋势，全网点击率较高，被前置；同理，"长摆连衣裙"被"2018款连衣裙"替换。

此商品的标题关键词优化后，吸引了访客的关注，引流效果明显，人气变旺。

试一试　同学们，请认真观察下面的连衣裙主图，如图6-12所示，根据选词助手中行业相关搜索词的应用，为该主图撰写合适的标题。

图6-12　连衣裙主图

撰写标题为：_____。

评价项目	自我评价		教师评价	
	小结	评分（5分）	点评	评分（5分）
1. 能用选词助手选择店铺近7天的关键词				
2. 能用选词助手查看行业相关搜索词				
3. 能用选词助手优化商品标题关键词				

任务二 运用体检中心数据优化店铺

在这一任务中，我们将学习店铺体检中心的业务处理，使同学们熟悉体检中心的店铺综合体检业务、执行店铺和商品优化建议。通过活动一，学习体检中心的店铺综合体检业务处理方法，认识违规处理、市场管理、违规扣分和受限权限等业务的基本操作方法；通过活动二，学习网店体检中心的店铺和商品优化建议的业务，进一步优化店铺，让店铺健康运营，提高经济效益。

活动一 熟悉店铺综合体检业务

活动描述

店铺综合体检业务是店铺体检中心的基础业务，它主要包括违规处理、市场管理、违规扣分和受限权限等业务的基本操作。小王进入体检中心后，看到有1条违规项，于是他决定按店铺交易规则对以上业务进行处理。下面，我们来看看他是如何操作的。

活动实施

第一步：进入店铺综合体检界面。

小王在卖家中心后台的"宝贝管理"栏目中单击"体检中心"，进入店铺综合体检界面，如图6-13所示。

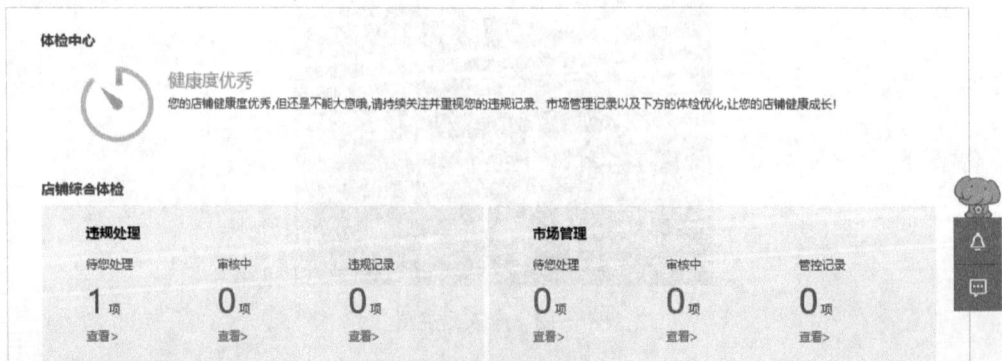

图6-13 店铺综合体检界面

知识链接　　　　　　　　　　淘宝网店违规项目的影响

淘宝网对会员的严重违规行为采取以下违规处理方式:

1)会员严重违规扣分累计达12分的,给予店铺屏蔽、限制发布商品、限制创建店铺、限制发送站内信、限制社区功能及公示警告7天的处理。

2)会员严重违规扣分累计达24分的,给予店铺屏蔽、下架店铺内所有商品、限制发布商品、限制创建店铺、限制发送站内信、限制社区功能及公示警告14天的处理。

3)会员严重违规扣分累计达36分的,给予关闭店铺、限制发送站内信、限制社区功能及公示警告21天的处理。

4)会员严重违规扣分累计达48分的,给予查封账户的处理。会员因单次违规扣分较大,导致累积扣分满足多个节点处理条件的,或在违规处理期间又须执行同类节点处理的,仅执行最重的节点处理。

想一想

请同学们想一想,如果小王的店铺违规扣分累计达42分,淘宝网会对他的网店给予怎样的处理。

第二步:处理违规项目。

小王进入体检中心,看到有1条违规项,他单击违规处理的"查看"选项,进入违规处理页并进行处理操作,其操作界面如图6-14所示。

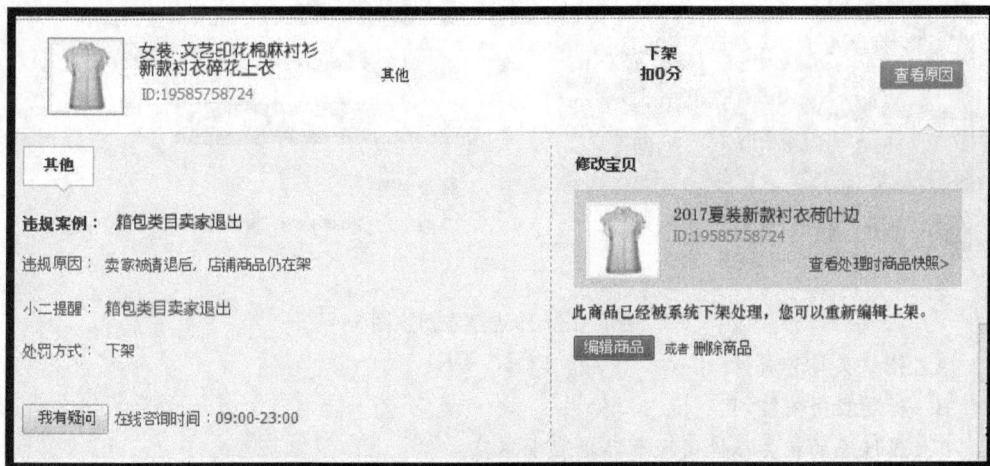

图6-14　处理违规项目界面

知识链接　　　　　　　　　　淘宝网店常见的违规项目

1.错放类目和属性

这种情况属于高度不相关的违规行为,会直接导致商品没有展现的机会。

处理方法:必须将商品重新发布到正确的类目。

2.标题滥用关键词

标题是用户了解商品信息非常重要的一环,一定要符合相关性的规则。

1)标题中用别人的品牌词。

2)标题中用了跟商品不相关的最近的流行热搜词。

163

3）标题中用了非常"弱相关"的词。

处理方法：修改关键词，必须删除禁用词。

3．属性里的相关属性值跟商品描述不符

如果在商品的详情页描述中出现跟明确的属性值不符的情况，也会被判定为相关性违规。

处理方法：修改详情页，或者修改宝贝属性内容，使两者内容一致。

4．价格不一致

销售价是一个价格，然后在详情页或主图当中是另外一个价格。

处理方法：修改销售价，或者修改详情页或主图当中的价格，使两者一致。

图6-14中的商品属错放类目，需要修改。小王点击"编辑商品"，对商品的类目进行修改，然后重新上传商品；若该商品已不在销售计划内，则可以单击"删除商品"进行删除。

想一想

请认真观察图6-15中的卡通连衣裙主图，判断它属于哪一种常见的违规现象？（　　　　）

举报

16高初中学生11卡通可爱连衣裙春夏12棉麻少女装13岁14女孩裙子15

| 价格 | ￥**56.00** | | 2840 累计评论 | 439 交易成功 |

配送　广东广州 至　广东梅州兴宁市 ▼　快递 免运费 ▼　24小时内发货

尺码助手

尺码　S M L XL 2XL

颜色分类

数量　－ 1 ＋ 件(库存763件)

立即购买　🛒加入购物车

承诺　🗹 7天无理由

支付　🟠蚂蚁花呗 💳信用卡支付 ▶集分宝

特价：38元/件 包邮！

图6-15　卡通连衣裙主图

A．错放类目和属性

B．标题滥用关键词

C．属性里的相关属性值跟商品描述中不符

D．价格不一致

活动评价

评价项目	自我评价		教师评价	
	小结	评分（5分）	点评	评分（5分）
1．能进入店铺综合体检界面				
2．能识别淘宝网店常见的违规项目				
3．能处理店铺综合体检中的违规项目				

活动二　执行店铺和商品优化建议

活动描述

店铺和商品优化建议是店铺体检中心的进阶业务，它主要包括综合优化、商品体检、搜索体检、服务指标体检、订单体检、资质体检和滞销商品等业务的基本操作。小王进入体检中心后，看到有1条优化建议项，于是他决定按店铺交易规则执行优化建议。

第一步：发现待优化建议。

小王进入体检中心后，在"店铺和商品优化建议"项目栏中发现滞销商品待优化处理项目有3条，如图6-16所示。

店铺和商品优化建议

综合优化：您当前没有优化建议　　[立即查看] 请密切关注官方重要提醒以及宝贝优化建议，建议您尽快修改，有助于提高买家的购物体验和购买转化率	**商品体检：您当前没有商品优化建议**　　[立即查看] 基于淘宝商品大数据给店铺商品更有效的诊断优化，及时进行商品优化体检更有利于您的店铺经营
搜索体检：请优化商品描述词　　[立即查看] 优化符合自己宝贝属性的描述词可以提高搜索排名，滥用关键词和堆砌不相关的词将会降低搜索排名	**合规体检：请持续关注店铺合规情况**　　[立即查看] 商家可以查询到通过网上法庭诉讼的电子商务交易纠纷案件，及时响应、积极应诉可避免自己权益受损
订单体检：请关注订单健康状况　　[立即处理] 商家可以对可能涉嫌虚假交易的订单进行主动删除，被清洗的订单所对应的销量、评价、评论、店铺动态评分将会被删除	**服务指标体检：您的店铺优化等级 低**　　[立即处理] 展现您的店铺在客流、交易转化、退款、纠纷投诉指标与同行优质店铺的差距，帮助您优化改善
资质体检：您当前无须补充资质　　[立即查看] 为洁净市场环境，提升您的商品品质，请您及时补充商品的资质信息，还有机会获得更多的展现机会	**营销体检：您有 4 个指标待优化**　　[立即处理] 多参加官方营销活动，可以让您的店铺被更多的消费者关注，帮助您迅速提升店铺流量和转化率
滞销商品：您有 3 个滞销商品　　[立即处理] 滞销商品是90天无成交、无浏览、无编辑的商品，请您及时关注，合理进行优化	

图6-16　店铺和商品优化建议界面图

> **想一想**
>
> 店铺和商品优化建议包括哪些项目？请勾选。
> A. 综合优化　　　　　　　B. 商品体检
> C. 搜索体检　　　　　　　D. 服务指标体检
> E. 订单体检　　　　　　　F. 资质体检
> G. 滞销商品

知识链接 》》　　　店铺和商品优化建议的功能介绍

（1）综合优化　单击"立即查看"，就会跳转到相应的页面，如果店铺中出现了问题宝贝，就可以在这里看到这些有问题的宝贝，如果没有任何需要优化的宝贝，就会提示"恭喜您，当前没有记录，请继续保持！"

（2）搜索体检　进入搜索体检界面以后从3D云图可以看到与店铺相关的热搜词

有哪些，哪些词的滑行速度最快，然后卖家就可以据此来优化宝贝标题的关键词了。

（3）订单体检　这里需要注意的是体检次数、违规纠正笔数、限制详解等，比如很多卖家刷单涉嫌一些虚假交易都可以在这里找到。

（4）资质体检　经营诸如食品等安全性要求较高的商品的商家需要提交一些资质才能进行正常的信息编辑，我们可以在这里看到淘宝后台默认的需要提交一定资质的商品。

（5）滞销商品　这里展示的是店铺里90天内无编辑、无浏览、无成交的滞销商品，在这里可以做下架处理。

（6）商品体检　这里可以每天根据店铺的商品情况出具体检报告，主要检测商品的滥发情况，包括虚假宣传、类目错放、广告商等情况，以及经营优化情况，主要包括属性优化和价格优化情况。

（7）合规体检　这里主要是检测店铺是否有交易纠纷情况，还会提供一些相关的法律常识，供卖家学习。

（8）服务指标体检　这里主要帮助卖家发现店铺中存在的包括退款退货、店铺客流量、交易转化率、纠纷和投诉等问题，并提供解决的方案。

（9）营销体检　这是一个可以报名参加活动的地方，同时也是一些活动准入条件的入口。

第二步：对滞销商品进行优化。

查看滞销商品。小王单击对滞销商品进行优化的建议项，进入滞销商品处理界面，如图6-17所示。

图6-17　滞销品处理界面

> **知识链接** 》》 **什么是滞销商品**
>
> 　1）淘宝规定90天无成交、无浏览、无编辑的商品为滞销商品，做下架处理。
>
> 　2）下架宝贝可编辑后上架，滞销下架90天未编辑、上架商品，商品将移至历史商品库（即历史宝贝记录）。
>
> 　滞销商品无法被搜到，若想让滞销商品成为正常商品，被搜索系统录入，商家需重新编辑修改该商品标题、价格等，然后重新发布商品。

第三步：更新宝贝内容，重新上架。

小王单击"编辑宝贝"按钮，对下架的宝贝修改了关键词、更换了宝贝详情图、售价等内容，并将宝贝重新上架。待小王完成所有滞销商品的更新、上架后，滞销商品项显示：您没有滞销商品。

想一想

同学们，请你选出下列哪些商品为滞销商品。（　　　　）

A. 商品A在90天内被浏览30次，无一笔成交，没有重新编辑

B. 商品B在90天内被浏览1次，有一笔成交，没有重新编辑

C. 商品C在90天内被浏览0次，无一笔成交，没有重新编辑

D. 商品D在90天内被浏览0次，无一笔成交，重新编辑一次

活动评价

评价项目	自我评价		教师评价	
	小结	评分（5分）	点评	评分（5分）
1. 能进入店铺和商品优化建议项目				
2. 理解店铺和商品优化建议的功能				
3. 能根据店铺和商品优化建议优化店铺				

项目总结

通过本项目的学习，学生应学会生意参谋的使用方法；能读懂基础数据信息，并能利用生意参谋中的选词助手优化商品的标题关键词；学会体检中心的使用，能够处理常见的违规项目，能够利用体检中心的店铺和商品优化建议优化店铺，将店铺运营到最佳状态。

项目练习

一、填空题

1. 常见的流量来源有＿＿＿＿＿和＿＿＿＿＿两种。

2. ＿＿＿＿＿＿是统计周期内访问店铺页面或宝贝详情页的去重人数，一个人在统计时间范围内访问多次只计1个。

3. 收费的流量来源有＿＿＿＿＿＿、＿＿＿＿＿＿、＿＿＿＿＿＿、聚划算。

4. ＿＿＿＿＿＿＿＿是指在统计时间内下单买家数/访客数，即来访客户转化为下单买

家的比例。

5. 会员严重违规扣分累计达_____分的，给予店铺屏蔽、限制发布商品、限制创建店铺、限制发送站内信、限制社区功能及公示警告7天的处理。

二、选择题

1. 虚假构建销量、评价、DSR评分、买家秀等，是属于哪种类型的违规项目？（　　）
A. 错放类目和属性　　　　　　B. 标题滥用关键词
C. 刷单违规　　　　　　　　　D. 盗图违规

2. 淘宝平台是依靠什么将商品判定为滞销商品的？（　　）
A. 90天无成交　　　　　　　　B. 90天无浏览
C. 90天无编辑　　　　　　　　D. 90天无下架

3. 店铺和商品优化建议包括哪些项目？（　　）
A. 综合优化　　　　　　　　　B. 商品体检
C. 搜索体检　　　　　　　　　D. 服务指标体检

4. 支持消费者保障服务之"七天无理由退货"，但拒绝履行承诺的，将扣（　　）分。
A. 2　　　　　　B. 3　　　　　　C. 4　　　　　　D. 6

三、实践题

小刘掌柜在淘宝网上开了一家化妆品店，假如你是网店的运营员，请你运用学到的生意参谋知识帮小刘掌柜订购生意参谋并查阅基础流量数据。

实训一：为网店订购生意参谋，查阅近7天的访客流量及访客特征等信息。

实训二：进入体检中心，将滞销商品重新整改上架。

参 考 文 献

[1] 刘涛. 淘宝、天猫电商运营百科全书[M]. 北京：电子工业出版社，2016.

[2] 吴元轼. 淘宝网店金牌客服实战[M]. 北京：人民邮电出版社，2015.

[3] 毕传福. 淘宝客服超级口才训练与实用技巧[M]. 北京：人民邮电出版社，2015.